Hans Höfl • Reise durch Mittelamerika

Meinem Enkelkind
Lukas
gewidmet

Hans Höfl

Reise durch Mittelamerika

Durch die Länder

Mexiko – Belize – Guatemala – El Salvador –
Honduras – Nicaragua – Costa Rica – Panama

Weishaupt Verlag

*„Wer mit den Wölfen heult,
der braucht die Hunde
nicht zu fürchten.“*

Reise durch Mittelamerika

ISBN 978-3-7059-0305-0
1. Auflage 2010

Tel.: 03151-8487, Fax: 03151-84874
e-mail: verlag@weishaupt.at
e-bookshop: www.weishaupt.at

Druck und Bindung: Druckerei Theiss GmbH, A-9431 St. Stefan
Printed in Austria

Inhalt

Im Reich der Maya, Azteken und Tolteken

Es ist noch kein Jahr her, seit ich von meiner Afrikareise zurück bin, aber mein Reisefieber packt mich schon wieder und macht mich ganz unruhig. Diese Lust, alles liegen- und stehen zu lassen, habe ich seit meinen Jugendjahren, als ich bäuchlings im Bett lag, vor mir einen Weltatlas oder ein Buch und mir fremde Gegenden den Kopf verdrehten.

Eigentlich wollte ich diesen Winter durcharbeiten, aber die erforderliche Kohle für den nächsten Trip habe ich mir bereits auf einer Tunnelbaustelle hart erarbeitet und jetzt bin ich startbereit wie ein Jungadler, der seinen Horst verlassen möchte. Mein deutscher Bauleiter hat mir unbegrenzt frei gegeben, er versteht meinen Reisetrieb und außerdem kann ich jederzeit bei dieser Firma wieder arbeiten. Mein Ziel ist Mittelamerika und wenn die Zeit ausreicht und es der Daumen und der Zeigefinger erlauben, möchte ich auch Südamerika bereisen.

Doch bevor ich abreise, lasse ich mir noch meine Goldkrone von einem Stiftzahn entfernen, denn wegen des bisschen Goldes im Mund möchte ich nicht diverse Typen reizen, die mir die Zähne vielleicht deswegen ausschlagen wollen. Herbert P. aus Steirisch-Lassnitz, der sein Handwerk als Zahntechniker bestens beherrscht, außerdem mit seiner Musik Alt und Jung begeistert, löst mein Problem und zaubert statt der Gold- eine Keramikkrone auf meinen Zahn.

Als wäre der Himmel mit all seinen Sternen unter mir, genau so präsentiert sich Mexiko City aus der Luft. Seit bald zehn Minuten kreist der Flieger über Millionen von Lichtern, bis ich die Konturen von Häusern, Straßen und einen Lavastrom von Autos erfasse. Eine Stierkampfarena kommt plötzlich rasend schnell näher, ich erkenne mit Lanzen bewaffnete Reiter auf Pferden, einen pompös gekleideten Torero und die vor Schmerz und Wut blutunterlaufenen Augen eines Stieres, der inmitten der mordlustigen Meute steht, mit bunt geschmückten „divisas“[1] gespickt ist und keine Chance hat zu entkommen.

Kurz danach rumpeln die Fahrwerke aus dem Bauch der Maschine und der harte Aufprall der Räder auf die Rollbahn schüttelt mir die schrecklichen Bilder wieder beiseite.

„Bienvenido en Mexiko“ lese ich hinter den vielen Zolldurchgängen und einer Menschenmauer, die auf Ankommende wartet. Da ich weder Americano noch Mexicano bin, stelle ich mich in die Menschenschlange der Touristen aus Europa, die eigens abgefertigt werden. Auf die Frage des schnauzbärtigen Zöllners, wie lange ich Mexiko zu besuchen gedenke, antworte ich einen Monat, er füllt zuvorkommend das Feld mit 60 Tagen aus.

Bevor ich mich ins Gewühl der raffgierigen Taxifahrer und Zimmeragenten wage, die in der Halle herumschwirren, wechsle ich Dollars in Pesos, gieße mir ein Tecate ein, so steht es auf der grünen Flasche, und dränge mich zur Touristinformation durch.

„Nachts fährt kein Bus in die Stadt“, ist die ernüchternde Auskunft der Señora, aber ich bekomme nach Bezahlung einiger Pesos einen Taxibon, mit dem ich dieses Irrenhaus verlassen kann.

„Taxi, Señor?“ Die Kerle zerren und ziehen mir beinahe die Kleider vom Körper, als wäre ich die einzige Fuhre des Tages. Bis ich endlich den VW-Bus finde, für den mein Bon bestimmt ist, vergeht noch eine Ewigkeit. Aber schließlich schaffe ich es doch und zwänge mich mit acht weiteren

1 Eine Art Lanze

mexikanischen Hombres[2] y Señoras[3] in die gelbe Kiste, die mich von diesem Chaos wegbringt.

An den riesigen Plakat- und Reklamewänden von Bier-, Tequila-, Auto- und Elektrogeräten, die in allen Farben die Autobahn beleuchten, und den Kolonnen von gelben VW-Taxis, die sich laut hupend den Weg in die Stadt bahnen, kann ich mir bereits vorstellen, was mich in dieser Millionenmetropole erwartet.

So ist es auch. Ich habe keine Lust, wegen einer Unterkunft lange in der Stadt herumzusuchen und betrete das erste, zwischen Zócalo und der Zona Rosa stehende Hotel „Cosmos". Die nach Schimmel riechende, stickige Luft im Zimmer, die uralten Möbel aus Maximilians 1863er Zeiten und der perverse Teppichboden rauben mir beinahe den Atem.

Da benötige ich noch etwas für meine trockene Kehle. Meinen Instinkt folgend, lande ich geradewegs in der nächsten Bodega, die sich an der Ecke zum Zócalo befindet. Es ist ein original mexikanisches Lokal: herrlich eng, viel Holz, über den Tresen hängen Keulen von Schinken, die vertäfelten Wände zieren berühmte Toreros und noch berühmtere Fußballgötter und es geht laut her.

Entweder war ich ohnmächtig vor Luftmangel, oder ist es die dünne Luft, Ciudad de Mexiko liegt immerhin 2 265 m über dem Meeresspiegel, denn erst spät am Morgen komme ich wieder zu mir.

Nach dem blassen Hotelkaffee und einem zähen Cruasán[4] laufe ich sofort los, um mir die 20-Millionen-Stadt, mit den Vorstadtslums gerechnet, anzusehen. Im Mittelpunkt der Stadt liegt der Zócalo-Platz mit der zweitürmigen

2 Männer
3 Frauen
4 Croissant

Barockkathedrale (1573–1667 erbaut, die 92 m hohen Türme wurden erst 1791 fertig) und dem weitläufigen Block des Nationalpalastes (1720–1724). In der Umgebung der Altstadt gibt es noch zahlreiche, ehemals prachtvolle Häuser; die Regierungsgebäude und Museen, die aus den gewaltigen Steinblöcken der zerstörten aztekischen Tempel wieder aufgebaut worden sind, und Paläste im spanischen Stil, an denen zum Teil wenig erneuert wurde. Alexander v. Humboldt nannte Mexiko City die Stadt der Paläste. Am Zócalo, dem Platz mit der größten Kathedrale des Kontinents, betteln jetzt Indios in Strohsandalen.

Die 8 km lange, 60 m breite Prachtstraße *Paseo de la Reforma,* in der Geschäftshochhäuser aus den 50er Jahren stehen, führt zu einem Platz, auf dem das Columbus-Denkmal steht. Unter den Monumenten an der *„Reforma“*, die mit ihren sechs Hauptspuren und je zwei Seitenfahrbahnen der *Champs Elysees* in Paris ähnelt, befindet sich nur eines für einen spanischen König: das Reiterstandbild Carlos IV. (*„Cavallito“*, Pferdchen, heißt es im Volksmund). Ein anderes Denkmal an dieser Straße erinnert an Cuauthémoc, den letzten Aztekenkaiser, nur dem Eroberer Cortéz ist dort kein Denkmal gesetzt.

Bereits ein bisschen müde erreiche ich den Chapultepec-Park, den Volkspark von Ciudad de México. Dort gibt es für Vergnügen und Erholung Teiche, Restaurants, Pavillons, Spielwiesen, botanische Gärten, einen Zoo, ein Polofeld. Auf einem Porphyr-Felsen stehen das 1790 erbaute, später von Kaiser Maximilian bewohnte Schloss Chapultepec (*Castillo de Chapultepec*) und der Rundbau des Hauses für Moderne Kunst mit Bildern zeitgenössischer Maler (Orozco, Rivera, Tamayo, Siqueiros).

Von der Terrasse des Schlosses hat man einen prächtigen Ausblick über die Stadt, aber erst vom 43 Stock hohen Torre Latinoamericano, wohin mich ein Lift bringt, sehe ich auf die vom Smog zugedeckte Stadt, unter dem das ganze Elend liegt.

Zu meiner Verwunderung – ich befinde mich auf dem Rückweg schließlich in einer Fußgängerzone – ist diese von stinkenden Autos verstopft. Mit Mühe komme ich zwischen Verkaufsständen, Straßenhändlern, die ihre Ware am Gehsteig ausbreiten, und Autos vorbei und entdecke am Ende der Straße ein Parkhaus, an dem sich, wie ich erfahre, ein korrupter Politiker bereichert. Nicht umsonst laufen die Menschen mit Mundschutz durch diese Straße, auch mir beginnen Augen und Nase von den Abgasen zu brennen und zu rinnen.

Später erfahre ich, dass vor einigen Tagen ein Test mit einem Kaninchen gemacht wurde, welches in einem Käfig an einem der vielen Verkehrsknotenpunkte der Stadt aufgestellt wurde. Es dauerte nur eine media ora, eine halbe Stunde, danach war das arme Tier tot, vergast.

Mexiko City ist ein einziger großer Markt, egal wann und wo man ist, es ist immer Markt. Der einzige Ort, der mir behagt, ist die Plaza de la Constitución, kurz Zócalo genannt. Hier kann ich mit Ruhe sitzen, da meine bereits seit Jahren durchgelatschten Adidasschuhe, die einmal weiß ausgesehen haben, nun aber keine definierbare Farbe mehr aufweisen, von den Limpiapotas, Schuhputzern, beleidigt ignoriert werden. Mit krächzenden Stimmen bieten Frauen in bunten Kleidern ihre „T" an: Tacos, Tamales, Tortas oder Tostadas, die entweder gefaltet, gerollt oder glatt mit einer scharfen Soße serviert werden. Ich benötige ein kaltes Cerveza dazu, um meine abgasverrußte und brennende Kehle zu säubern.

Außerdem erinnere ich mich an die mahnenden Worte meines Hausarztes, ja viel Flüssigkeit bei großer Hitze zu trinken. Ich werde es mir zu Herzen nehmen. Da ich aber dem Wasser hier nicht traue, werde ich mich wohl gezwungenermaßen eher an den trinkbaren Gerstensaft halten, der zwar meinem „Murauer" nicht nahe kommt, aber auch nicht so schlecht schmeckt.

Am Abend besuche ich noch den hell beleuchteten, aus weißem Marmor erbauten Palacio de Bellas Artes[5] und danach die Plaza Garibaldi, wo Gruppen von Mariachi-Kapellen musizieren und ihre Schnulzen schluchzen. Damen in bunten Rüschkostümen locken Touristen in Nepplokale und Taschendiebe versuchen ihr Glück. Auch die vielen Taxitypen, die auf Kunden warten, leiern mir ihre Sprüche vor. Sie warnen mich vor Kinderbanden, die angeblich nachts Touristen auflauern und sie ausplündern. Ich lehne trotzdem lächelnd ab, habe ich doch bereits einiges hinter mir, und ziehe frohen Mutes los.

Aber auf dem Weg zum Hotel, durch die dunklen Gassen, vergeht mir das Lachen. Plötzlich sind sie da. Die kleinen zotteligen Niños[6] rücken mir gefährlich auf die Pelle. Nur ihre Unsicherheit und ihr kurzes Zögern, welcher Kerl geht schon alleine durch die dunklen Gassen, retten mich. Ich nehme meine Füße sprichwörtlich in die Hand und bin heilfroh, als ich unbehelligt eine beleuchtete und belebte Straße erreiche, auf die sich die Bande doch nicht wagt und sich zurückzieht.

Es sind *Kinder der Straße,* die ihre Familienbeziehungen abgebrochen haben und mit eigenen Mitteln, Betteln, Diebstahl und Überfällen, überleben. Sie verbringen die Nächte auf den Straßen der Stadt und werden antisozial wahrgenommen.

Die *Kinder auf den Straßen* leben zwar bei ihren Familien, arbeiten jedoch als Straßenverkäufer, Schuh- und

5 „Palast der Schönen Künste"; Opern-, Ballet- und Theateraufführungen
6 Kinder

Scheibenputzer, in Reparaturwerkstätten, auf Baustellen und als Pflasterer von Gehsteigen, über die ich des Öfteren stolpere. Ihr verdientes Geld kommt der Familie zugute oder wird für ihre Freizeit ausgegeben.

Es ist zwar Schulpflicht in Mexiko, aber die meisten der Kinder verlassen die Schule wieder, bevor sie die grundlegende Ausbildung abgeschlossen haben. Die Ursachen der Kinderarbeit sind die Armut und erbärmliche Lebensbedingungen in den Marginalsiedlungen, sprich Slums, die täglich um zwei- bis dreitausend Landflüchtlinge anwachsen.

Nach zwei Tagen habe ich vom hässlichen Moloch Mexiko City buchstäblich die Schnauze richtig voll. Am Morgen nehme ich meinen Rucksack aus seinen stickigem Verlies und verdufte eiligst aus diesem Wahnsinn.

Die Central-Busstation Camionera del Norte ist ein protziger, halbrunder Glas- und Betonpalast mit unzähligen Büros für verschiedene Routen und Busgesellschaften. Lange irre ich in diesem Ameisenhaufen umher, aber schließlich finde ich doch den richtigen Schalter und kaufe mir für heute Abend ein Ticket nach Guadalajara.

Da mir noch der Rest des Tages zur Verfügung steht und nachdem ich mein Gepäck sicher in einem Schließfach deponiert habe, beschließe ich, nach dem 45 Kilometer entfernten Teotihuacan zu fahren. So sagenumwoben wie der Untergang des Maya-Reiches ist, ist die Entstehung Teotihuacans.

Die Azteken hielten die Sonnen- und Mondpyramiden für Grabstätten der Götter und erkoren sie zu mythologischen Kultstätten, um in dem auf dem Gipfel der Pyramiden stehenden Tempel ihren Göttern Menschenopfer darzubringen.

Die Ruinenstadt Teotihuacan, die Spuren der Mayas, der Azteken und Tolteken zeigt, war größer als Rom während der Zeit der Cäsaren und noch monumentaler als die Städte der griechischen Antike. Über die Herkunft und Abstammung der Azteken weiß man nichts Genaues, zu gründlich haben die Missionare der Eroberer in den Bibliotheken die Kultur dieses Volkes vernichtet.

Nach der Besteigung der beiden Pyramiden laufe ich noch schnell – die Sonne steht im Zenit – die „Straße der Toten“ bis zum Tempel des Quetzalcoatl, der „Gefiederten Schlange“ entlang und nehme danach den Lokalbus, der mich nach Mexiko City, zur Busstation zurückbringt. Ich habe gerade noch Zeit etwas zu essen, bevor mein Bus nach Guadalajara ausgerufen wird.

Nachdem sich der Buslenker bekreuzigt hat, die unzähligen Lämpchen der Heiligen Jungfrau und die der Herz-Jesu-Bilder aufleuchten, die Musikkassette eingeschoben ist und das Schmettern des Salsas begonnen hat, geht die Reise los. Mein Trommelfell hat mit der Musik seine liebe Not, während sich der Bus Meter um Meter aus der Stadt schiebt. Und als wir endlich die Betonwand der Häuser hinter uns haben, bin auch ich geschafft. Der Señor neben mir hat seinen Sombrero über die Augen herunter gezogen und schläft bereits seelenruhig wie die meisten anderen im Bus. Entweder sind sie alle stocktaub oder nicht so empfindlich wie ich.

Mir gelingt nur ein dumpfes Dahindämmern bei dieser nächtlichen Höllenfahrt. Gefährliche, scharfe Überholmanöver und hartes Bremsen lassen mich nicht einschlafen, und am Morgen wandle ich schlaftrunken durch Guadalajara.

Eines merke ich mir, ich werde von nun an nur mehr am Tage reisen, nur in äußersten Fällen nachts, denn mir entgeht zu viel. Nach einem Frühstück, *desayuno* auf Spanisch, besuche ich die Innenstadt und die Plaza de Armas. Im schön angelegten Parque Azul mit dem eisernen schwarzen

Pavillon strecke ich mich für kurze Zeit auf einer Bank aus und nicke auch ein.

Trommelwirbel weckt mich wieder. Vor dem Palacio de Gobierno finden die Vorbereitungen für die Fiesta de Octobre statt, und zu den Klängen der lauten Musik tanzen junge Mädchen in roten Kleidern. Für viele Mexikaner ist dieses Fest ein Tag der Schande, da Amerika entdeckt und danach von Conquistadoren beherrscht sowie ausgebeutet wurde.

Der beste Tequila, ein Agavenschnaps, kommt angeblich aus der gleichnamigen Stadt Tequila, die in einem fruchtbaren Hochland liegt, erzählt mir die hübsche Bedienung in der Bar, in die ich vor dem Rummel flüchte. Als mich aber die Muchacha[7] einen Gringo nennt, werde ich grantig: „Vengo de Austria, no de los Estados Unidos"[8], kläre ich die Unwissende auf und klettere danach mit weichen Knien in einen Bus, um nach Mazatlan zu fahren.

Der Tequila zeigte Wirkung. Ich habe trotz der verheerenden Straßenverhältnisse, die endlose Reihe der Schlaglöcher nimmt kein Ende, eine wunderbare Fahrt im Primera-Classe-Bus bis zur Gringoküste verbracht, wie der mexikanische Pazifikabschnitt auch abwertend genannt wird. Hier stehen die großen Amischlitten vor den Bars, und während sich die korpulenten Besitzer mit Mädchen amüsieren, polieren die armen Schlucker und Kinder ihre Luxuskarossen. Dollarstarke Touristen können hier all das auskosten, was ihnen in ihrem Land untersagt ist: Prostituierte, Rauschgift und Alkohol zu Niedrigstpreisen. Ich habe in dieser teuren Stadt nichts verloren und wechsle nur den Bus, der mich nach Los Mochis bringen soll.

Entlang der gut ausgebauten Küstenstraße reihen sich

7 Hausmädchen
8 Ich komme aus Österreich, nicht aus den Vereinigten Staaten

herrliche Buchten mit blauem Wasser und Palmen und imposante Hotelkomplexe, die inmitten grüner Parkanlagen stehen. Mit steifem Genick, da alles auf der linken Seite zu sehen war, verlasse ich in Los Mochis das Gefährt.

Das Nest gefällt mir, auch das Hotel „Hidalgo", das um tausend Pesos weniger kostet als das „Cosmos" in DF, wie Mexiko Stadt genannt wird, aber im Vergleich dazu eine Luxusbude ist. Im kleinen Park an der Plaza, wo gusseiserne, weiß bemalte und verschnörkelte Bänke unter Palmen stehen, schlendere ich am Abend umher, genehmige mir ein Cerveza und verbessere mein Spanisch bei Gesprächen mit Einheimischen. Als ich erzähle, dass ich am nächsten Tag um 6 Uhr mit dem Zug nach Chihuahua fahren möchte, raten sie mir, etwas früher am Bahnhof zu sein, da die Abfahrtszeiten nie genau eingehalten werden. Um Mitternacht verziehe ich mich eiligst ins Hotel, um wenigstens einige Stunden im Bett zu verbringen.

Wenig geschlafen, aber trotzdem fit. Um 5 Uhr stehe ich reisefertig am Bahnhof und sichere mir sofort einen Fensterplatz in einem der vier Waggons der „Chihuahua-Pacifico-Railroad". Tatsächlich verlässt der Zug, dem zwei Dieselloks vorgespannt sind, eine Stunde später mit lauten Pfeiftönen Los Mochis. Mit rasendem Tempo, geschätzte 15–20 km/h, rattert der „Chepe", so wird der Zug genannt, der über die 2200 Meter hohe Sierra Tarahumara fährt, durch das breite, fruchtbare Tal des Rio Fuerte. Meine Begleiter im Waggon sind sechs Amerikaner aus Kalifornien und mexikanische Familien mit Kindern, die ein ziemliches Spektakel aufführen.

Bereits kurz nach der Ortschaft El Fuerte wird es im Waggon schlagartig still. Wir überqueren den schlammig braunen Rio Fuerte auf einer hohen, schmalen und schwankenden Brücke mit langsamem Tempo. Mit Schmunzeln betrachte ich meine ängstlichen Mitreisenden, doch als ich wieder in die Tiefe blicke, weiten sich auch meine Augen. Ich sehe einen gelben Autobus einige Meter vom Ufer entfernt, der wahrscheinlich durch eine Furt wollte, in den dreckigen Fluten versinken. Einige Menschen und mehrere Lastwagen stehen am Ufer und wie ich erkennen kann, gestikulieren die Leute aufgeregt mit ihren Händen. Ich hoffe, es ist niemand mehr im Bus.

Mit dem ersten Sonnenstrahl bekomme ich die atemberaubende Landschaft des Kupfercanyons, Barranca del Cobre genannt, zu sehen. Dieser, um vieles größer und tiefer als der Grand Canyon und nicht halb so bekannt, ist eines der großen Naturwunder Mexikos. Flüsse haben hier ein halbes Dutzend Schluchten in die Vulkanfelsen der Sierra gegraben und inmitten der Kiefern- und Eichenwälder findet man spektakuläre Wasserfälle, bizarre Felsformationen und stille Bergseen. Wenn der Zug nicht gerade durch einen der 85 Tunnels fährt, reicht mein Blick von den schwindlig hohen Holzbrücken in die gigantischen Schluchten.

Nach der zwanzigsten luftigen Überquerung – es sind 39 Brücken – komme ich mit der Zählerei durcheinander, die Stille im Waggon wird immer lauter. Einigen Fahrgästen ist die Lust auf die Aussicht vergangen, ihre Augen sind geschlossen, aber die Lippen zucken, ich glaube sie beten.

In der Indianersiedlung *Divisadero* wie auch in *Creel* erstehe ich bei Tarahumara-Indios, die in ihren traditionellen Trachten am Bahnsteig kauern, geröstete Maiskolben und Bier, danach verläuft die ratternde Fahrt durch die gepflegten Obstplantagen der Mennoniten[9] weiter, bis wir Chihuahua erreichen.

Den bunt verfliesten Patio der Pension Reforma mit seinen duftenden Sträuchern bemerke ich erst am Morgen,

9 Altevangelische Taufgesinnte

als ich mein Zimmer verlasse, um die Stadt zu besichtigen. Aber außer dem Museum von Pancho Villa, der gegen die Ausbeutung und Unterdrückung der Landbevölkerung kämpfte, sind nur noch die Pferdefuhrwerke der eingewanderten holländischen und norddeutschen, bleichgesichtigen Mennoniten interessant, die in ihren konservativen Bekleidungen auf den klobigen Wagen sitzen. Sie besitzen rund um Chihuahua Land und verkaufen ihre Ernte in der Stadt.

Ich nehme den Bus nach Torreon, wechsle aber in dieser Industriestadt, die im Baumwollgebiet liegt, nur den Untersatz und fahre durch das Hochland von Mexiko weiter nach San Luis Potosí.

Hier werde ich eine Nacht verbringen, um die 1590 gegründete Stadt zu besichtigen, die an Stelle einer vorspanischen Huaxtekensiedlung gebaut wurde. Sicherheitshalber besorge ich mir noch ein Busticket für den nächsten Tag nach Mexiko City. Im Zentrum der Altstadt liegt der traditionelle Zócalo, Plaza Hidalgo, und in der Nähe finde ich die billige Pension „Maria Cristina".

Mein abendlicher Rundgang endet wieder am Zócalo, der, von imposanten Kirchen und Gebäuden umgeben, vom Reichtum der ehemaligen Gold- und Silberstadt der Spanier zeugt. Eine kleine Bodega an der Plaza ist zwar von Mexikanern überfüllt und schmetternde Salsa-Musik übertönt die heftig geführten Gespräche, aber die nette Kellnerin, Carmen, hat mir's angetan. Sie lotst mich nach Feierabend durch die engen Gassen zum Hotel zurück.

Mein Kopf surrt auch noch am Morgen. Erst im Bus, der mich nach Mexiko City zurückbringt, beruhigt er sich. Aber kaum atme ich den unbeschreiblich beißenden Abgasnebel der Stadt, habe ich nur noch einen Gedanken: So schnell wie möglich, morgen, raus von hier. Ein gekühltes Corona am Zócalo beruhigt mich etwas. Ich überlege gerade, nicht mehr in das bedrückende „Cosmos" zu gehen, sondern mir ein anderes Hotel zu suchen, da steuern zwei heruntergekommene, in bunte Tücher gehüllte Mädchen auf mich zu und betteln mich um Pesos an.

Es sind keine mexikanischen Chicas[10], sondern verrückte Französinnen, die, wie ich erfahre, aus Acapulco kommen und total, außer einem Bündel und was sie am Körper tragen, blank sind.

Mit einem unsauberen Hintergedanken biete ich mein soeben bestelltes Sandwich und Bier an und sehe staunend zu, wie schnell die beiden es verschlingen. Nach der zweiten Portion kommen wir uns näher, und als ich erwähne, dass ich noch auf der Suche nach einem passenden Hotel bin, empfehlen sie mir das „Monte Carlo" in der Calle Uruguay.

Da die Mädchen keinen Peso besitzen, bezahle ich das Dreibettzimmer, welches wir zur späten Stunde bekommen. Viel Stoff zum Ausziehen haben beide nicht, doch die kleinen Tätowierungen am Körper und der Rauch zum Inhalieren, den sie aus Acapulco mitgebracht haben, sind vom Feinsten. Den Rest erledigen die grünen Tecate-Bierdosen, die ich Hinterlistiger dazusteuere.

Nur ein laues Murmeln geben die beiden, vom Suchtmittel gezeichneten mageren Körper am Morgen von sich, als ich über die wenigen verstreuten Kleidungsstücke trete und mit leisem Adios die Bude verlasse.

Bevor ich weiter nach Süden reise, suche ich noch schnell die Österreichische Botschaft auf, um zu erfahren, in welchem mittelamerikanischen Land ich derzeit ein Visum benötige. Aber zu meinem Ärger sind die Botschaftsangestellten mehr mit Möbel umstellen beschäftigt, als auf meine Frage zu antworten. Nachdem ich bereits sämtliche Zeitschriften im Vorraum durchgesehen habe und eine

---

10 span. Mädchen

Stunde vorüber ist, wird es mir zu bunt. Ich stelle mich energisch einem jungen, blassen Kerl in den Weg und verlange endlich eine Auskunft.

Ohne lange zu überlegen behauptet der arrogante Stadtmensch, ich würde für Belize und Honduras ein Visum benötigen und verschwindet viel zu schnell hinter einer der Türen. Verunsichert verlasse ich die Botschaft und beachte nur vage den langhaarigen Typen, der in einer karierten Hose ins Gebäude geht.

Zu meinem Erstaunen wird mir auf der Botschaft von Belize wie auch von Honduras erklärt, dass ich für ihr Land kein Visum benötige. Sie sind selbst überrascht über diese Behauptung, und in meinem Zorn bin ich nahe daran, unsere Botschaft nochmals aufzusuchen, um diese, von unseren Steuergeldern bezahlten Möbelpacker aufzuklären. Die Vernunft siegt jedoch, ich mache mich auf den Weg nach Puebla, um zu den Bergen La Malinche und Popocatepetl zu gelangen.

Pech am Berg

Jetzt habe ich Zeit, die vergangenen Tage aufzuzeichnen, denn es geht mir wieder besser. Ich liege im kleinen Fischerdorf La Ventosa, zwischen Puerto Angel und Salina Cruz an der Pazifikküste in einer bunten Hängematte und kuriere meine Seitenbandzerrung aus, die ich mir am Popocatepetl zugezogen habe.

Nach meiner Flucht aus dem „Geschwür" Mexiko City brachte mich ein Bus bis nach La Malinzi, einem kleinen Feriendorf, das am Weg zum Berg La Malinche, benannt nach der indianischen Übersetzerin und Geliebten des spanischen Eroberers Hernán Cortés, liegt. Ich übernachtete, unter vom Wind rauschenden Bäumen abseits des Dorfes im Zelt und saß lange bei meinem kleinen Lagerfeuer. Am nächsten Tag bestieg ich, nach einem kurzen Anstieg durch lichten Wald, aber durch steile Schuttkare, und ohne eine Menschenseele zu sehen, den einsamen, 4461 Meter hohen La Malinche.

Es war trotz des verschneiten und vereisten Gipfelgrates eine herrliche Tour mit Aussicht auf die Ixta, den Popo, und den Pico de Orizaba. Beim Abstieg überraschte mich ein sintflutartiger Wolkenbruch, und völlig durchnässt erreichte ich mein Zelt. Den Gipfelsieg feierte ich am nächsten Tag in einer Bodega in der Stadt Puebla, wo bunt verkachelte Gebäude und viele Kirchen, darunter die Kathedrale am Zócalo, stehen. Nach der Nacht in einer sauberen Pension, die Wände und Fußböden waren aus bunten Fliesen, hatte ich gegen Mittag genug von der Stadt.

Ein Bus brachte mich nach Amecameca und ein Collectivo[11] weiter nach Tlamaca, zum 3650 m hohen Paso

11 Sammeltaxi

de Cortés und zum Bergrefugium „dormitorio" auf 3900 Metern, wo der Aufstieg zum „rauchenden Berg", wie der 5452 Meter hohe Popocatépetl genannt wird, beginnt.

Ich wollte den Vulkanberg, der gerade nicht aktiv war, nur für den Aufstieg am folgenden Tag betasten, unter meinen Füßen spüren und eilte deshalb sofort, von einem mexikanischen Hund begleitet, von der Hütte wolkenwärts bergauf. Bevor es zu dämmern begann, unterhalb von „Tres Cruces" auf 4500 Metern, kehrten ich und mein vierbeiniger Freund um und sprangen rasch talwärts. Da passierte es. Ein unbedachter Schritt im losen Lavagestein, das linke Bein rutschte mir weg und im Knie folgte ein fürchterlicher Schmerz.

Schweißgebadet erreichte ich wieder die Hütte, kaufte mir eine Flasche Corona, meinem treuen Begleiter ein Stück Wurst und ärgerte mich über mein Missgeschick. Mexikanische Bergrettungsleute, die von einer Übung eintrafen, bemerkten mein Humpeln, und als ich meinen Unfall schilderte, holten sie ihren Arzt herbei. Der untersuchte, betastete mein Gelenk und verpasste mir eine Injektion ins Knie. Er gab mir auch den Rat, nach La Ventosa zu fahren, das an der Pazifikküste liegt, um in Ruhe mein lädiertes Bein zu kurieren.

Beim anschließenden Umtrunk tauschen wir Einsatzerlebnisse aus, und ich erzähle einige heitere Episoden aus meiner Bergrettungszeit, die ich mit „Piet" P. erlebt hatte.

Da weitere Besteigungen von mexikanischen Bergen wegen meines schmerzenden Knies nicht mehr möglich waren, gab ich einige warme Bekleidungsstücke einem jungen „Socorro Alpino"[12], der mir als Dank sein „Brigada de

12 Bergretter

Rescate“[13] schenkte. Deutsche Bergsteiger brachten mich am nächsten Morgen nach Amecameca, wo ich zum Bus nach Puerto Angel hinkte, und schließlich landete ich in diesem verschlafenen Dorf.

Das Essen in der Pension, hauptsächlich Fisch, schmeckt mir heute wieder, und nach zwei Tagen absoluter Ruhe wage ich den ersten Auslauf. Es funktioniert ausgezeichnet, nur als ich vor der Bodega niedersitze, verspüre ich ein Ziehen im Knie, das sich aber nach dem Bier wieder legt. Es ist ein wunderbarer Platz, den mir der Arzt empfohlen hat. Nur wenige mexikanische Urlauber sind hier, die Meute der ausländischen Touristen tobt sich vornehmlich nördlich, zwischen Puerto Angel, Puerto Escondido und Acapulco aus. Ich verbringe herrliche Tage in diesem ruhigen Dorf, wo der Pazifik, der nie zur Ruhe kommt, ununterbrochen schäumend und wütend gegen Boote und Felsen schlägt.

Jetzt bin ich vier Tage hier, ich kenne jeden der hundert Einwohner, alle vier Kneipen und mich kennt jedes Kind, da ich auf dem Weg zum kleinen Fischerhafen am Kindergarten vorbeikomme, wo ich eine Tüte Bonbons loswerde. Die kleinen Bälger rufen schon „buenas dias“, wenn sie die Spitzen meiner Adidas sehen und strecken ihre kleinen Hände durch das Gitter. Ich mache es nur wegen der hübschen Kindergärtnerin, die mir abends im Dorfcafé etwas Spanisch lernt.

Mein Knie ist wieder in Ordnung. Ich verabschiede mich mit Schwermut von den Menschen in La Ventosa und fahre nach Salina Cruz, wo ich Travellerschecks wechseln möchte. Eigentlich wollte ich zuerst einige von meinen als verloren gemeldeten Schecks eintauschen, aber im letzten

13 Bergrettungsabzeichen

Moment überlege ich es mir anders und ziehe meine originalen Schecks aus der Tasche.

Als hätte ich es geahnt: Der Typ hinter dem Panzerglas ist äußerst misstrauisch, er vermutet zu Recht verlorene oder geklaute und gibt telephonisch die Nummern der Schecks nach Mexiko City durch. Es dauert beinahe zwei Stunden, bis die Agentur aus der Hauptstadt die Echtheit meiner Schecks bestätigt. Zähneknirschend, ich kann ein Lächeln kaum verbeißen, schiebt mir der Kassier die Pesos durch die untere Glasöffnung.

Ich erreiche gerade noch einen Bus nach Tuxtla Gutiérrez. Die alte Landstraße, die über die Sierra führt, windet sich in unzähligen Serpentinen um die Hänge, die mit verstreuten Kakteenwäldern bewachsenen sind. In den Schluchten liegen breite Kiesbette und jede Kurve gibt einen neuen Blick frei. Aber die moderne Stadt Tuxtla behagt mir nicht, ich fahre weiter nach San Cristóbal de Las Casas, wo ich spätabends ankomme.

Der Rucksack steht bereits im Hotel Capri, die mit Fleisch, Eiern und Käse gefüllten Tacos in der Casa Blanca schmecken vorzüglich, und nach einem kurzen Verdauungsrundgang gehe ich meine Matratze abhorchen.

Die Stadt ist nach dem Dominikanerpater Bartolomé de Las Casas benannt, der die Indianer zwar vor der Ausbeutung und Unterdrückung durch die spanischen Großgrundbesitzer zu schützen suchte, sie aber nicht vor den fremden Ankömmlingen warnte, die jetzt, 500 Jahre später, das Land überfluten. Der Anblick der farbenprächtigen Maya-Indianer, die zum alltäglichen Markt erscheinen, versetzt die japanischen Geschwindigkeitstouristen in einen wahren Fotorausch und fordert dicke amerikanische Analphabeten zu ihren üblich blöden Ausrufen heraus.

Mir genügen die alten Häuser rund um das Zentrum und die Indianer verschiedenster Stämme, die vor der

Guadalupe-Kirche herumschwärmen. Vom Vorplatz der Kirche reicht der Blick weit über die aus der Kolonialzeit stammende Stadt, die ich nach meinem Rundgang wieder verlasse. Mit Mühe quetsche ich mich in einen Bus nach Palenque, der zwar bereits voll, aber noch nicht ganz vollgestopft ist. Kostenlos gibt es noch eine Stadtrundfahrt, um zusätzlich weitere Fahrgäste aufzunehmen.

Die landschaftlich schöne Fahrt durch das Hochland wird leider vom einsetzenden Regen etwas getrübt. Zwei mit Ponchos umhüllte Indios steigen irgendwo mitten im Urwald zu. Sie, harte Züge, aber freundliche Augen, er ein zerfurchtes Gesicht. Sie fahren ein Stück mit und verschwinden beim nächsten Stop wieder mit ihrem Bündel und Machete im Dschungel. Zurück bleiben ein modriger, feuchter Geruch und nasse Plätze.

Der Regen wird fortwährend heftiger, Sturzbäche verlegen die schmale Straße immer öfter mit Geröll und plötzlich bleibt der Bus mit einem Ruck stehen. Es ist bereits dunkel, erst nach einigen Minuten Ratlosigkeit klettern alle Indios inklusive mir aus dem kleinen Bus, und wir sehen sofort die Bescherung. Ein Erdrutsch hat einen Teil der Straße fortgerissen, so wie es scheint, ist hier die Fahrt zu Ende.

Doch ich habe mich getäuscht. Die ansonsten träge wirkenden Indios entwickeln plötzlich eine geschäftige Emsigkeit und beginnen mit ihren Macheten, Händen und mit Hilfe der nackten Füße am Hang zu graben, um die Piste an der Abbruchstelle zu verbreitern. Meine Hilfe – ich beleuchte mit meiner Stirnlampe die Abbruchstelle, um die Arbeitenden vor nachkommenden, herabstürzenden Steinen zu warnen – wird dankend angenommen.

Nach wenigen Minuten bin ich durchnässt, nehme mir aber nicht die Zeit, den Regenschutz vom Rucksack zu holen, sondern greife ebenfalls zu, um so schnell wie möglich über diese Gefahrenstelle zu kommen. Das beabsichtigen auch die Indios, denn nach einem heftigen Palaver wird der Bus kurzentschlossen mit allen Kräften, mehr getragen als geschoben, über das Hindernis gezerrt, um weiterzufahren.

Trotz der späten Stunde, es ist acht Uhr abends und dunkel, ist es bei der Ankunft in Palenque heiß und schwül. Ich nehme im gleichnamigen Hotel ein Zimmer und verzehre in der Kneipe nebenan ein zähes Rindfleisch mit Bohnen, während aus einem hinteren Raum krächzende Salsamusik, laute Stimmen und mir bekannte Geräusche ertönen. Ich werde neugierig, blicke nach dem Essen in den Raum und entdecke junge Indios, die Billard spielen.

Ich kann nicht widerstehen, und um mitzuspielen, lege ich einige Münzen auf den Tisch. Aber nach der zweiten verlorenen Partie gebe ich auf und ziehe mich, nachdenklich über diese ausgeflippten, marihuanarauchenden Indiojungs, die sich gierig auf die gewonnenen Biere stürzen, aufs Zimmer zurück.

Die zwei verlorenen Billardspiele ärgerten mich die halbe Nacht, erst nach der kurzen Busfahrt zu den Palenque-Ruinen bringen mich am folgenden Tag die bunten Papageien, die gurrend und schnatternd am Eingangstor umherturnen, auf andere Gedanken.

Auf einem ausgetretenen Pfad, der unter riesigen Urwaldbäumen entlang führt, erreiche ich die im dichten Dschungel verstreut liegenden Ruinen. Palenque war eine bedeutende Stadt der Mayas, bis dato ist erst ein Bruchteil der Bauten freigelegt, der Rest wird noch vom Dschungel überwuchert. Im Mittelpunkt befinden sich der Tempel der Inschriften und der gewaltige, zweigeschossige, von Steinreliefs geschmückte Palast mit seinem Turm, der möglicherweise als Wachturm oder bereits als Observatorium benutzt wurde.

Nach der Besichtigung dreier weiterer Tempel habe ich

vom Steintreppen-Auf- und Ablaufen genug, außerdem wird es immer schwieriger, Fotos ohne quirlige Japanesen und behäbige Amis zu machen. Ich kehre um und genieße vor dem Eingang – in einer Hängematte liegend – bereits mein Cerveza, während Busse immer mehr Touristen ankarren, die mit Shorts und weißen Socken, mit Videokameras um dem Bauch das Areal stürmen.

Vom Gerstensaft und der feuchtschwülen Luft bin ich träge geworden, ich verspüre plötzlich keine Lust mehr, nach Palenque zu fahren. Zur großen Freude der Ladenbesitzer, einem Indio mit seiner kleinen Frau, entschließe ich mich, den Rest des Tages und die Nacht hier in der bunten Stoffhängematte zu verbringen, die zwischen den Hütten gespannt hängt.

Fürchterliches Affengekreische weckt mich im Morgengrauen. Benommen rolle ich aus der Matte. Ich kann jedoch kaum gerade stehen, mein Kreuz schmerzt höllisch von der gekrümmten Schlafstellung.

Gebeugt torkle ich nach dem Frühstück – die Indiofrau hat mir Eier mit Tomaten und Zwiebeln zubereitet – zur Straße und nehme das erste Collectivo, welches nach Palenque fährt. Nach zwei Kilometern steige ich auf Empfehlung der mitreisenden Indios bei den Cascadas aus, es sind kleine natürliche Wasserbecken, um meinen gepeinigten Rücken im kalten, klaren Wasser abzukühlen. Die Abkühlung behagt mir tatsächlich, ich warte im prickelnden Wasser auf den nächsten Bus, der mich nach Palenque bringt.

Hier begegnen mir Familien von verschiedenartigen Indioethnien, unter anderem Lacadonen – die wegen ihre Tracht aus einem einfachen weißen Ganzkörperhemd der Männer und einfachen floralen Mustern bei den Frauen bekannt sind –, die aus dem Krisengebiet um Chiapas in die Stadt geflüchtet sind. Die Lage in Chiapas hat sich in den letzten Monaten zugespitzt, die Zapatisten streben ein Autonomiegebiet im Süden Mexikos an. Militär und die „Guardias Blancas", Paramilitär, die von der Regierung gedeckt werden, greifen immer wieder die autonomen Bergdörfer an und töten Anhänger der Zapatisten.

Frauen mit gestillten oder an der Brust getragenen Babys verteilen Broschüren von Menschenrechtsorganisationen und kleine barfüßige Indiokinder zupfen an meinen Kleidern und wollen mir handgefertigte bunte Tücher, Bänder und Taschen verkaufen.

Ich erwerbe einige der Stücke und gehe sogleich zum Oficina de Correro[14], wo ich ohne viel Umstände ein kleines Paket meiner Tochter nach Hause sende.

(Es ist auch tatsächlich angekommen.)

---

14 Postamt

Schmerzhafte Tage

Aber danach begegnen mir Scharen von amerikanischen Rentnertouristen, und als ich ihren maßlos übertriebenen Ausruf „oh my god“ wieder höre, beschließe ich Palenque fluchtartig zu verlassen. Diesen kindischen Satz hörte ich bei meiner vorherigen, viermonatigen Reise kreuz und quer durch die Staaten mehrere Male, als ich mich als Österreicher zu erkennen gab, und seither ist dieses einfältige Volk bei mir unten durch, obwohl mir sein Land gefällt.

Ich nehme den nächstbesten Bus nach Campeche, wo ich sogleich Anschluss nach Mérida habe. Kurz vor Mérida, die beginnende Nacht verschluckt gerade die Schatten, bleibt der Bus noch in einem kleinen Dorf stehen.

Sofort wuseln kleine Mexikaner um das Vehikel und bieten Hühner, Früchte und Kleinigkeiten zum Essen durch die Fenster an. Eine der zwergenhaften Gestalten streckt mir überraschend zwei runde Dinger, die im Dunkeln wie Tennisbälle aussehen, zum Fenster hoch. Meine Neugier lässt mich das Schiebefenster öffnen, und mit beiden Händen fasse ich je einen, um zu testen, wie neu oder alt die weißgelben Bälle sind.

Mit der Kraft, die ich durch mein tägliches, stundenlanges Training mit den Handfedern bei den Busfahrten erhalten habe, drücke ich zu. Aber augenblicklich merke ich, es sind keine Bälle, ich quetsche maschinengeschälte Orangen über den Kopf des Mexikaners aus. Der frischgepresste Saft rinnt dem armen Kerl übers Gesicht und sein lautes Fluchen lässt mich eilig die zerdrückten Orangen fallen und das Fenster schließen, bevor er mir die zerquetschten Reste um die Ohren werfen will.

Aber ich Idiot habe den Daumen der rechten Hand nicht schnell genug vom Fensterrahmen zurückgezogen, ich schlage mir mit voller Kraft und unter lautem Schmerzensschrei das Schiebefenster auf den Daumennagel, genau am Wurzelansatz.

Wer schon einmal so dumm wie ich war, dem brauche ich nichts erzählen. Bis zum Morgen, die Nacht in einer billigen Pension war schmerzhaft, pocht und singt mein inzwischen blau gefärbter Daumen. Mit dem ersten Bus, der Mérida verlässt, starte ich nach Chichén Itzá, um so schnell wie möglich diese Halbinsel Yucatán hinter mir zu haben, die wegen der vielen Touristen auch übermäßig teuer ist.

Mit hochgehobener Hand, das lindert den Schmerz etwas, und schlechter Laune – außerdem knallt die Sonne vehement auf die Maya- und Tolteken-Ruinen – besichtige ich die Tempelanlagen von Chichén Itzá.

Im Zentrum befindet sich die als *Castillo* (span. für „das Schloss") bezeichnete große Stufenpyramide. Das dreißig Meter hohe Bauwerk hat als Zugang vier Treppen auf allen Seiten. Diese Treppen bestehen aus je 91 Stufen, mit vier multipliziert und mit der letzten Stufe vor dem Tempel addiert ergibt das die Zahl von 365 Treppenstufen. Diese Zahl stellt nicht nur zufällig die Zahl der Tage im Jahr dar. Die Konstruktion der Tempelpyramide, auf deren Spitze der Tempel von *Kukulcán,* der Schlangen-Gottheit der Maya steht, beweist mit anderen Worten, welche enormen Kenntnisse in der Astronomie die Mayas bereits besaßen.

Man weiß aber auch, dass ihre Ackerbaumethoden und Werkzeuge von primitiver Einfachheit waren und somit im krassen Widerspruch standen zu den vielfachen Kenntnissen, die die Mayas auf geistigem Gebiet besaßen: in der Mathematik, der Astronomie, der Architektur, vor allem aber in der Schriftkunde. Sichtbares Zeugnis der hohen Mayakultur ist der Kalenderstein, der zur Zeit der spanischen Eroberung in Kraft war.

Ich sehe mir noch den *Templos de los guerreros* – den

Kriegertempel, den *Caracol* – den Schneckenturm, die Kirche und den *Juego de Pelota* – den Ballspielplatz an, danach vergeht mir die Lust, länger als notwendig zu bleiben. Die meisten der toltekischen Bauten bin ich abgerannt, ich fahre weiter nach Valladolid. Hier tausche ich das Collectivo gegen einen Bus, der mich durch Felipe Carrillio Puerto bis nach Chetumal, an die Grenze zu Belize bringt.

Das Hotel „Brasilia“ entspricht nicht ganz meinen Vorstellungen. Der Tür fehlt ein Schloss, der verstaubten Glühbirne der nötige Strom und außerdem bin ich schlechter Laune, da mir auch das Bier nur wenig das Ziehen im Daumen lindert. Zur Sicherheit platziere ich, wie bereits in Uganda, einen Stuhl mit einer leeren Flasche hinter der Tür und strecke danach meine Beine auf dem durchgelegenen Bett aus.

Irgendwo habe ich die Worte des letzten mexikanischen Diktators Porfirio Diaz gelesen:

„Armes Mexiko, so fern von Gott, so nah den USA.“

Reggaeklänge und Zwiebellocken

Ich bin in Belize, das bis 1973 Britisch-Honduras geheißen hat, 1981 die Unabhängigkeit von Großbritannien erlangte, aber sich immer noch wegen Landansprüchen an Guatemala im Kriegszustand mit dem Nachbarland befindet.

Nach der lausig schlechten Nacht in Chetumal hat mich ein Bus auf dem Old North Highway zuerst nach Orange Walk gebracht. Aber auf Grund der großen Hitze und der nicht zu verachtenden Schwüle begnügte ich mich mit einem kurzen Rundgang, bei dem ich wieder strohblonden Kindern mit blauen Augen, Frauen in langen, geblümten Kleidern mit weißer Haube auf dem Haar und Männern in langen blauen Hosenträger-Hosen begegnete. Es waren deutschstämmige Mennoniten.

Ich nahm den nächsten Bus nach Belize City und fand im *„Eyere Guest Haus"* ein billiges, aber sauberes Zimmer. Nebenan in *„Mom's Café"* gab es einen Speisezettel, der meinen Magen wieder zufrieden stellte. Gebratenes Rindfleisch, Kartoffeln mit Soße, Salat und ein Bier, 5 Beliz-Dollar – 2,5 US-Dollar.

Sanfte Reggaemusik umspült meine Ohren und leger umherlungernde Bob-Marley-Typen, Afroamerikaner mit zottigen, verfilzten Haaren und bunten Mützen, bieten mir Gras und Mädchen an. Jedoch meine Vorsicht ist größer als die Lust, ich begnüge mich mit der Stimmung, einem kühlen Beliz Belikin[15] und dem Rückblick auf die letzten Tage, die ich nun in einer halbdunklen Bar in Belize City niederschreibe.

15 Bier

Die etwas schwüle und heiße Luft in der Stadt an der Karibikküste, die vom Fischgeruch gewürzt wird, diktiert mein Tempo. Gemütlich schlendere ich durch die Albertstreet, wo alte Pfahlholzbauten mit farbigen Wellblechdächern und halb verfallenen Verandas stehen, die wiederum mit bunter Wäsche verhängt sind. Am Ende der wurmzerfressenen Häuser steht die St. John's Cathedral, die um 1812 von Sklaven aus Ziegelsteinen erbaut wurde, die bei Schiffsreisen aus Europa als Ballast dienten.

Meerseitig, zwischen knallrot blühenden Flamboyant-Bäumen, die sich vom Blau des Wassers abheben, steht das im Kolonialstil erbaute Government House, immer noch im Originalzustand, und vorbei am Gerichtshof und Nationalbibliothek erreiche ich den Haulover Creek. Hier schaukeln die Fischer- und Händlerboote, die zum Markt fahren oder von dort kommen, und es scheint, als wären sämtliche Einwohner von Belize City hier, denn es geht turbulent und laut im bunten Völkergemisch zu. Den Creek, der die Stadt teilt, überspannt eine alte eiserne Schwingbrücke, die sich bei größeren Booten ächzend dreht.

Das subtropische Klima treibt mir schon nach der Dusche am Morgen den Schweiß auf die Stirn und das Hemd klebt am Körper. Ich verlasse das ungewöhnlich verschiedenartige Sprachgewirr – neben Englisch werden Spanisch, Kreolisch und unzählige Maya-Sprachen gesprochen – und Völkergemisch – Kreolen[16], Mestizen[17], Garifuna[18], Weiße, Araber und Asiaten – und die Vielfalt an Religionen nach zwei Tagen.

Zeitig am Morgen steige ich in eine klapprige Rostlaube der Belizean Queen Bus-Gesellschaft, die mich unweiger-

16 Nachfahren der eingewanderten Spanier
17 Nachkommen von Spaniern und von Angehörigen der Maya
18 Nachkommen afrikanischer Sklaven

lich an Tansania in Afrika erinnert, und mache mich auf den Weg Richtung Guatemala.

Gesprächsthema Nummer eins unter meinen einheimischen Mitreisenden sind die großen Autofriedhöfe, die entlang der halbwegs guten Straße liegen. Für Europäer würden diese Wracks bestenfalls noch als Ersatzteillager dienen, hier im Bus kriegen die jungen Männer große Augen und diskutieren aufgeregt über die Preise der Schrottkisten.

In der nach einem Reißbrett aufgebauten Hauptstadt Belmopan, die auf der Strecke liegt, lege ich nur einen kurzen Zwischenstop ein und erreiche am Western-Highway, San Ignacio. Wie schon in Belize City sind auch hier englische Truppen stationiert, die die verstreuten Mennonitensiedlungen gegen guatemaltekische Rebellenangriffe schützen.

Ein verstaubtes Collectivo bringt mich die letzten Kilometer bis zur Grenzstadt Benque Viejo del Carmen. Ohne Probleme überschreite ich die belizische sowie auch die guatemaltekische Grenze in Ciudad Melchor de Mencos. Es ist heiß in diesem Nest, ich verspüre keine Lust länger als nötig zu bleiben und schwinge mich sofort in den nächsten abfahrenden Bus, der Richtung Flores fährt.

Aber kaum habe ich mein Bündel verstaut, einen Platz zum Sitzen ergattert, stoppt uns eine Militärkontrolle. Ich traue meinen Augen nicht: Magere Knaben, vielleicht 15-jährig, stehen mit rotzigen Nasen, viel zu großen Drillichhosen und Militärjacken adjustiert, neben dem Balken. Ihre umgehängten Gewehre berühren den staubigen, roten Boden, auf dem sie ohne Schuhe stehen.

Wir werden alle zum Aussteigen aufgefordert und haben uns in eine Reihe zu stellen. Während der Bus gefilzt wird, was sie suchen, weiß ich nicht, kontrolliert ein etwas besser Uniformierter mit umgeschnallter Pistole die Papiere. Mein

Pass wird verkehrt, aber genau und staunend durchgeblättert. Die vielen Stempel und Visas aus Afrika geben ihm ein Rätsel zu lösen auf, aber schließlich gibt ihn mir der Beamte abgestempelt zurück.

Die guatemaltekischen Menschen sind ein äußerst schweigsames Volk, kein Murren oder Fragen kommt aus ihren ausdrucklosen Gesichtern. Erst als der Typ seine Bande aus dem Bus ruft und zur Weiterfahrt winkt, werden sie wieder lebendig. Mit Ruhe und Gelassenheit steigen sie in den Bus und kontrollieren zuerst das Gepäck, bevor die Fahrt weitergeht.

Was für ein großer Unterschied zwischen Afrika und Mittelamerika. Während die Schwarzen nach solch einem Ereignis stundenlang ausgiebig schnattern und diskutieren, sind diese Indios eisern schweigsam und kaum zu Antworten bereit. Schließlich erfahre ich doch noch, dass gerade die Präsidentschaftswahlen im Anlaufen sind, und dass dies sicher nicht die letzte Kontrolle war.

Und so ist es auch. Zweimal wiederholt sich das Spiel, aber mit dem Unterschied, dass die Kindersoldaten immer verwegener und diebischer werden. Ich nehme deshalb den Rucksack beim Aussteigen immer mit, um nicht etwas zu vermissen, so wie es einigen Einheimischen passiert. Die Fahrt auf dieser Dschungelpiste dauert über vier Stunden, und in El Cruse wechsle ich den Bus, um zu den Ruinen von Tikal zu kommen.

Mein Herz schlägt um einiges schneller, als ich den Bus sehe, der aus Flores kommt. Er ist bereits vollgestopft mit Menschen und Bündeln, und ich finde gerade noch am Dach Platz, um mitzukommen. Es ist herrlich, ein frischer Fahrtwind, aber auf die tiefhängenden Äste ist zu achten, die gefährlich knapp über das Dach streichen. Zum Glück kauere ich ziemlich am Ende des Busses, ich bekomme kaum etwas ab. Die Fahrt vergeht durch das andauernde

Aufrichten und wieder Flachwerfen im Nu, und kurz vor Dunkelheit stoppt der Bus in Tikal.

Nach dieser Fahrt benötige ich einige *„Gallo"*, so steht es auf den Flaschen, um den Durst zu löschen und den Tag ausklingen zu lassen. Es gibt zwei Hotels, aber ich entschließe mich, wie bereits in Palenque, neben dem Restaurant in einer Hängematte zu nächtigen. Ein vorbeikommendes Schweizer Touristenpärchen prophezeit mir eindringlich eine üble Nacht, da außer Moskitos und Brüllaffen noch anderes Getier umherschwirrt. Sie empfehlen mir das Hotel *„Jaguar Inn"*, wo es allerdings „extrem" teuer sei und sich kein Ventilator dreht. Aber immerhin besser als im Freien, behaupten die beiden.

Aber mein Entschluss steht, ich bestelle beim Indio ein Essen und erzähle den ängstlichen Eidgenossen etwas über Afrika, damit sie beruhigt sind. Vor Staunen vergessen die zwei ihre Befürchtungen, und als ich mich in die bunte Matte werfe, gehen sie kopfschüttelnd weiter.

Mich weckt ein fürchterlicher Lärm. Unzählige Affen, Papageien und Tukane, die brüllend und kreischend in den Kronen der Urwaldriesen umherspringen und flattern, begrüßen den neuen Tag. Mein Schädel brummt zwar ein wenig vom schalen Bier gestern Abend, den Rücken richte ich wieder etwas gerade, aber sonst bin ich heil. Kein Moskito oder anderes Tier wollte mein, nach Bier und Knoblauch riechendes Blut. Die Frau des Indios bereitet mir ein Frühstück und um sechs Uhr morgens bin ich schon beim Tor zu den Ruinen.

Tikal ist das größte und bedeutendste Mayazentrum im heutigen Guatemala, ehemalige Kultstätte und Marktplatz zugleich. Über steile Steintreppen erklimme ich einige der gewaltigen Tempel, die verstreut im Urwald des Petén stehen, unter anderem den Jaguar-Tempel, blicke über die Kronen der riesigen Bäume und höre nichts anderes als Tierlaute. Es sind gigantische Bauten, besonders die Tempel, die rund um den sogenannten Großen Platz, die südliche sowie nördliche Akropolis, stehen. Aber schließlich haben meine Füße vom vielen Treppensteigen genug und ich beende meine Besichtigung.

Auf dem Rückweg begegnen mir die ersten Touristenhorden, die bereits über die Hitze jammern und das Schweizer Pärchen. Im Gegenteil zu mir sind die beiden im Hotel von Moskitos malträtiert worden und sie geben kleinlaut zu, eine üble Nacht hinter sich zu haben.

Ich dagegen bin bester Laune. Ich sitze unter einem schattenspendenden Blätterdach, verzehre die mit Fleisch gefüllten Omeletten, die der Indio der Comedore zubereitet, trinke ein „*Gallo*" und beobachte die dunklen aufziehenden Wolken, die den üblichen Nachmittagsregen ankündigen.

Drei Steirer

Aber bevor mich der Regenguss erreicht, sitze ich bereits in einem Bus, der mich nach *St. Elena* bringt. Über einen aufgeschütteten Damm erreiche ich den Ort *Flores,* der auf einer Insel des Peten-Itza-Sees steht, und der mich mit den weißen Hauswänden und den blauen Fensterläden an griechische Dörfer erinnert.

Das *„Hotel Casablanca"*, ein schimmeliger Holzschuppen, entspricht zwar nicht meiner Vorstellung, aber für eine Nacht langt es immer. Auf der Suche nach einem Restaurant, mein Magen knurrt, sehe ich plötzlich den Typen mit der karierten Hose, dem ich in der österreichischen Botschaft in Mexiko City begegnet bin. Er hockt mit zwei weiteren Gesellen vor einer Bodega am Gehsteig, und zu meiner Überraschung, ich kann es kaum glauben, höre ich die drei im besten südsteirischen Dialekt sprechen.

Nach der üblichen Fragerei, woher und wohin sitze ich kurz darauf mit Michael, Peter 1 und Peter 2, die aus Graz kommen, in der Hand ein *„Gallo"*, auf der Straße. Die drei sind seit Kalifornien mit einem Ford-Transit-Kleinbus unterwegs, der mit Matratzen ausgestattet ist, um darin auch zu schlafen. Wir trinken zusammen einige Bier, kommen uns dabei näher und ich werde eingeladen, einige Tage, bis Guatemala City, mitzukommen. Zur späten Stunde wanke ich in mein Hotel zurück.

Seit dem frühen Morgen, es ist bereits 9 Uhr vorbei und die Sonne wird immer stärker, warte ich schon ungeduldig vor der Kneipe. Endlich erscheinen die drei Burschen, die auf einem Parkplatz übernachtet haben. Peter 1 sitzt am Steuer und die vom letzten Regen schlammige und tiefe Piste verlangt ihm seine ganzen Fahrkünste ab. Kurz vor

Poptun, wir sehen das Dorf bereits, haben wir die erste Reifenpanne.

Die drei haben kaum mit dem Radwechsel begonnen, da kommt aus dem Dickicht auch schon ein Indio mit einem Wasserkübel und einem großen Schwamm hervor und beginnt den Ford, der total verdreckt und kaum als Auto zu erkennen ist, zu waschen. Ich sitze inzwischen im Schatten eines Baumes, trinke mit Ruhe ein Gallo und sehe dem Ganzen zu. In Poptun stillen wir unseren Hunger und fahren danach weiter zur Finca[19] Icabell, wo wir diese Nacht bleiben.

Leider sind die drei Grazer Burschen Langschläfer und das behagt mir nicht besonders. Ich liebe es, schon morgens unterwegs zu sein, um den ganzen Tag auszunützen. Erst am späten Vormittag, es ist beinahe Mittag, geht unsere Reise weiter. Nachdem wir des Öfteren in tiefen Schlammlöchern stecken bleiben und nur mit Hilfe freundlicher Autofahrer weiter kommen, erreichen wir wieder spät in der Nacht Castillo San Felipe de Lara am Rio Dulce. Hier an der Karibikküste ist es auch noch nachts mörderisch heiß und schwül. So spät in der Nacht ein Quartier zu suchen, behagt mir nicht. Ich finde schließlich doch noch eine Pension und trinke aus Ärger gegenüber in einer Kneipe sämtliche Bierbestände. (Es gab nur zwei Flaschen.)

Ich habe auch nicht gut in der modrigen Kammer geschlafen und bin am Morgen, was selten vorkommt, schlecht gelaunt. Da mein Klopfen am Bus unbeantwortet bleibt, drehe ich eine Runde um das von den Spaniern 1652 erbaute Fort. Aber wie zum Hohn, waren doch die Spanier selbst die größten Räuber in der Geschichte Südamerikas,

19 Landgut

dieses Castillo diente zum Schutz gegen andere Seeräuber aus der Karibik.

Wieder geht es erst mittags los. Die Straße zur Hauptstadt wird nun immer besser und verleitet Mike zum Schnellerfahren. Aus den Lautsprechern dröhnen Yankee-Songs und es erinnert mich an Afrika. Aber plötzlich heben wir wie ein Flugzeug ab. Mir kommt beinahe der Magen hoch, als ich das riesige Baustellenloch sehe, das unter uns klafft und über das wir fliegen. Der harte Aufprall, der uns gehörig durchschüttelt und die Türen aufschlägt, katapultiert den Bus erneut in die Luft, aber Mike schafft es, den Bus unter Kontrolle zu halten und zu stoppen.

Wir klettern alle mit schlotternden Knien aus dem Auto, stabilisieren erst mal unsere durchgerüttelten Knochen und trinken ein Gallo, das zum Glück heil geblieben ist. Noch mal Schwein gehabt. Innen sieht die Karre etwas durcheinander aus und den Kassettenrecorder samt den Boxen hat es von den Kabeln gelöst. Gott sei Dank, die Jaulerei hat nun ein Ende.

Je näher wir der Hauptstadt kommen, desto zahlreicher werden wegen der anstehenden Präsidentenwahl die Militär- und Polizeikontrollen. Jedes Mal wird der Bus wie auch wir gefilzt und als ein Uniformierter mit einigen Sternen am Kragen mich wegen meines Taschenmessers und der Handfeder, ich habe meine Hosensäcke zu leeren, eindringlich betrachtet, kommt mir beinahe die Galle hoch. Auf seine blöde Frage, wozu ich das Messer benötige, beherrsche ich mich noch, gebe aber die Antwort: *„Zum Zwiebel schneiden“* und nehme ihm das Messer samt Handfeder einfach aus der Hand.

Augenblicklich wird mir bewusst, dass ich beinahe einen Schritt zu weit gegangen bin, zu frech vorging. Aber mit dieser Kaltschnäuzigkeit hat der ranghohe Militär wahrscheinlich nicht gerechnet. Er sieht mich verdutzt an, überlegt etwas länger, und dreht sich schließlich zu meinem Glück doch weg.

Diese nächste wie auch die vorhergegangenen Wahlen sind nur eine Farce, zu stark ist der Einfluss der USA. Es wird wieder ein Korrupter an die Macht gesetzt, der ihre Ideologie vertritt. 1965 stellte das USA-Repräsentantenhaus in der Resolution Nr. 560 ausdrücklich fest:

„Die USA haben das Recht, mit Waffengewalt in jedes lateinamerikanisches Land einzudringen, um subversive Aktionen zu verhindern." Allein Guatemala wurde bereits viermal ganz oder teilweise von den USA besetzt.

Bei dieser Wahl scheinen von den zwölf Kandidaten nur mehr die Hälfte auf, der Rest ist ermordet, spurlos verschwunden oder sie haben früh genug die politische Ebene verlassen.

Das guatemaltekische Volk leidet nicht nur unter den rechten Terrorgruppen, die Intellektuelle, Gewerkschafter, Studenten und Bauern niedermetzeln, auch die Wunden der wiederholten Erdstöße, die die Hauptstadt Guatemalas mehrmals zerstörten, zuletzt 1976 mit über 22000 Toten, bekommt das Volk zu spüren.

Außer den vielen Soldaten und zahlreichen Polizisten, die uns in der Hauptstadt empfangen, schmückt auch eine Menge Plakatgesichter der Präsidentenkandidaten die Stadt. In der Nähe der Busstation finden wir schließlich das Hotel „El Virrey", wo der Ford im Hinterhof abgestellt werden kann. Ein großes Zimmer für uns vier gibt es auch, und in der Kneipe nebenan wird die heil überstandene Fahrt gefeiert.

Als ich von einem mittrinkenden Amerikaner eine Runde Bier fordere, da wir bereits jeweils eine Runde spendierten, springt der Typ urplötzlich vom Stuhl, läuft zur Tür und verschwindet lautlos in die Nacht. Aber wahrscheinlich verstand es der Kerl falsch. Beim Verlassen der Kneipe weigere ich mich, die konsumierten Biere des Gringos zu bezahlen, die auf meiner Rechnung stehen. Aber die Wirtin sieht das anders. Sie ruft lautstark nach Polizei.

Drei Minuten später erscheinen drei mit Pistolen und Schlagstöcken bewaffnete Polizisten im Lokal. Nach einem heftigen Palaver der Wirtin werden wir aufgefordert mitzukommen und in die gegenüber liegende Polizeistation gebracht.

Die Wirtin, der Polizeijefe und wir verhandeln stundenlang wegen der vier Biere, die der Ami konsumierte, aber nicht bezahlte. Obwohl uns der Jefe zuerst droht, uns danach beinahe bittet, um uns und die keifende Frau los zu werden, wir sind nicht bereit die Rechnung zu begleichen. Unser Streit dauert, durch dringende Polizeiaktionen einige Mal unterbrochen, die wir auf den Holzbänken schlafend überstehen, bis 5 Uhr morgens. Danach gibt der verzweifelte Polizeijefe auf und jagt uns samt der bereits schlafenden Wirtin zum Teufel.

Die drei Jungs gehen natürlich sofort schlafen, mich treibt es durch die morgendliche Stadt. Das Interessanteste der Stadt liegt rund um den Parque Central und der Plaza Mayor mit ihren Arkaden und Läden und die von unzähligen Indios umlagerte, riesige Catedral Metropolitana. Die etwas molligen, kleingewachsenen guatemaltekischen Mädchen, die rund um die Kirche Heiligenbilder verkaufen, kichern hinter vorgehaltener Hand, als ich sie anspreche, und geben zögernd Antwort.

Bei meiner Rückkehr erwartet mich eine lächelnde Wirtin vor der Tür, die mir glücklich erzählt, dass der Gringo, der gestern der Ärger war, hier sei und sein Bier bezahlt hat. In der Kneipe treffe ich meine drei Steirer, die mit dem Ami beim Trinken sind. Er gibt nun zu, dass er gestern einen Schock bekam, denn er war der Meinung gewesen, er müsse alles bezahlen. Das wäre ihm zuviel gewesen, was wir konsumiert hätten.

Peter 1 hat am Vortag mit Zuhause telefoniert und sich entschlossen, wegen einer Krankheit seines Vaters nach Hause zu fliegen. Auch sein Rückflug ist gesichert und mittags bringen wir ihn zum Airport. Wir verabschieden uns und fahren weiter auf der Panamericana CA-1 nach Chichicastenango.

Zum Glück fahren wir diese Strecke am Tag. Vor und nach Chimaltenango windet sich die Straße in zahlreichen Kurven durch das Bergland. Bis unter die Gipfeln wird jeder Fleck Erde, durch Terrassen abgesichert, von den Mayas bestellt und kultiviert. Kurz vor Chichicastenango, das am Fuß des Pocokil-Berges, aber immerhin noch auf 2 100 Meter liegt, führen enge und steile Serpentinen in ein Hochtal, wo sich die Stadt ausbreitet.

Der Markt in Chichicastenango gilt als einer der größten und farbenprächtigsten Indiomärkte in Guatemala. Er dient auch heute noch in erster Linie zur Versorgung der Quiché Indios, die in der Umgebung leben. Die Feste und Prozessionen der Quiché- oder Indígenas[20]-Gemeinden finden ohne Pfarrer statt, sie unterstehen der Cofradías[21], altindianischen Kultbruderschaften, die weder von den Conquistadores zerschlagen noch von der katholischen Kirche aufgesogen werden konnten.

Trotzdem hocken viele Indios, die Nachkommen der Mayas, in ihren bunten Trachten auf der von Asche und Kerzen übersäten Steintreppe zur Sto. Tomás-Kirche. Einige beten, andere schwenken Weihrauchbüchsen und werfen kleine Gaben in stark rauchende Harzfeuer, die in Blechschalen auf den Stufen verteilt stehen.

20 Indigene Völker sind *relativ* die „ersten" Bewohner eines Gebiets

21 Bruderschaften

Zwei Tage spaziere ich durch den Ort mit den engen Kopfsteinpflasterstraßen, niedrigen weißen Häusern mit roten Ziegeldächern, kaufe am Markt Hemden und bunten, strapazierfesten Stoff, den ich ebenfalls per Post nach Hause schicke (auch erhalten).

Das einzig betrübliche sind die vielen stockbetrunkenen Guatemalteken – Indios, die am helllichten Tage in den Rinnsalen der Straßen liegen, worin sich freilaufende Schweine, Hunde, Kinder, Männer und Frauen ungeniert entleeren.

Auf Empfehlung meiner Wirtin, ich schlafe für 10 Quetzal – ungefähr 2 US-Dollar, in der Casa de Huéspedes[22], besuche ich zum Abschluss noch den Cementerio[23] der Stadt, wo Grabkreuze und Mausoleen in allen erdenklichen Farben stehen.

22 Herberge in Familienbetrieb

23 Friedhof

Moskitoüberfall

Es ist soweit, ich habe mich von Mike und Peter in Chichicastenango verabschiedet, ich fahre wieder alleine weiter. Mir fehlten bereits die abenteuerlichen Busfahrten, und auf dem Weg zum Atitlán-See nach Solola und Panajachel beglückwünsche ich mich zu meiner Entscheidung. Endlich sitze ich wieder eingeklemmt zwischen einheimischen Indios, kann mein Spanisch etwas verbessern und rieche die Kacke der Kleinkinder, die um mich herumbalgen.

Im 1530 Meter hoch gelegen See, der von einem Gebirgszug aus drei Vulkanen um 3500 Meter umrahmt wird, liegen einige kleine Inselchen, und im Dorf Panajachel tummeln sich die Touristen um die Souvenirläden der Ladinos. Dasselbe Bild in San Pedro, in Solola und in Antigua, der ehemaligen Hauptstadt Guatemalas, die inmitten von Kaffeeplantagen liegt, die wiederum von drei Vulkanen eingekreist sind. Die Spuren der Erdbeben sind hier deutlich an den Bauten und der Kathedrale zu sehen. Bei meiner Runde um die Plaza Mayor und den Torbogen Arco de Santa Catalina treffe ich einige Rucksackreisende, die hier Spanisch lernen.

Bevor ich in die Hauptstadt zurückfahre, lasse ich mich vertrauensselig von einem deutschen Mädchen verleiten und stille meinen Hunger mit Hühnerfleisch und mit Gemüse gefüllte Enchiladas[24] und mit Soßen aus Chilischoten in einem der neuen Fast-Food-Restaurants, die hauptsächlich von westlichen Sprachschülern besucht werden.

Die Idee war nicht gut. Bereits nach wenigen Kilometern

24 weiche Tortillas aus Maismehl

Fahrt beginnt mein Bauch plötzlich zu rebellieren und ich bin gezwungen den Buslenker um einen Stop zu bitten, um hinter einem Busch mein dringendes Bedürfnis zu erledigen. Aber kaum habe ich meine Hose über die Knie gezogen, stürzt sich eine Meute von verdammten Moskitos auf meine nackten Tatsachen. Speziell meine Genitalien sind das Ziel des Angriffes. Laut fluchend beende ich schleunigst mein Geschäft und flüchte wieder in den Bus, wo mich Mitreisende mit herzhaftem Lachen begrüßen.

Das Jucken beginnt kurz darauf, aber eisern beherrsche ich mich und greife bis in die Stadt zurück nicht auf meine höllisch gepeinigten Körperteile. Im „El Virrey“ nehme ich diesmal ein kleineres Zimmer, werfe den Rucksack in die Ecke und gehe danach schnell in die Bodega nebenan. Erstaunt blickt mich die Wirtin an, als ich ihre Kneipe betrete und sofort einen Karton Gallo bestelle, in dem sich zwölf Flaschen befinden.

Lieber Doc zuhause, keine Sorge, austrocknen wird dein Patient sicher nicht. Damals in Bangladesch hat mir ein Joint gegen dieses Leiden geholfen, jetzt bleibt mir nur der Alkohol, um standhaft zu bleiben. Du weißt auch Doc, wenn ich nur einmal kratze, entzünde ich die Stiche und danach nimmt das Übel kein Ende.

Ich habe gestern Abend gehörig einen über den Durst getrunken, aber ohne ein Jucken zwischen den Beinen wache ich auf. Es hat gefruchtet, mein Leiden ist vorbei. Ich erinnere mich, dass es nach meiner achten getrunkenen Flasche seltsam ruhig in der Bar wurde und mich die an der Theke stehenden Guatemalteken mit großen, hervorstehenden Augen betrachteten.

Die letzten vier Flaschen teilte ich unter meinen Bewunderern auf und wankte mit leichter Schlagseite – der Promillegehalt vom Gallo-Bier ist niedriger als jener meines heimischen Murauers – zur späten Stunde ins Hotel, wo ich wahrscheinlich augenblicklich in einen traumlosen Schlaf fiel.

Dem Magen nach geht's mir heute wieder gut, denn er knurrt nach Nachschub. Zum Glück öffnen in Guatemala die Kneipen zeitig am Morgen, und kurz darauf sitze ich bei meiner Senóra und verzehre mein Frühstück, das aus schwarzen Bohnen mit Rührei und Tortillas besteht. Als sie mir zuvorkommend ein Gallo auf den Tisch stellt, hebt sich mein Magen und ich winke dankend ab. Ich möchte heute noch nach El Salvador und mache mich auf den Weg zur Busstation.

Ich verlasse das „Land der Bäume", wie Guatemala genannt wird, das seit seiner Unabhängigkeit 1939 von mehr als sechzig Machthabern, vorwiegend durch Diktatur und Militär, regiert wird.

Bürgerkrieg

Ein bequemerer Bus mit Fußfreiheit der Tica-Gesellschaft bringt mich auf der Panamericana nach El Salvador (span. „Der Heiland“), dem kleinsten Staat Mittelamerikas. Das Land der Vulkane empfängt mich mild und warm, und unzählige kleine Ortschaften liegen entlang der gut ausgebauten Straße. Die Hauswände der kleinen Hütten sind mit FMLN[25]-Parolen bemalt, und politische antiamerikanische Plakate[26] hängen an jedem Mast und Baum. Die Ermordung des Befreiungstheologen Bischof Oscar Romero im März 1980 in einer Kirche durch rechtsgerichtete *„Todesschwadronen“* war Auslöser des Bürgerkriegs in El Salvador, der noch immer nicht zu Ende ist. Wenige Tage vor seinem Tod hatte er einen Brief an US-Präsident Carter gesandt, mit der Bitte, keine Waffen und andere Militärhilfe mehr nach El Salvador zu schicken.

In St. Ana, der von Zuckerrohr- und Kaffeeplantagen umgebenen Stadt, unterbreche ich für einige Stunden die Reise, um mir die kolonialzeitlichen Bauten anzusehen, die rund um die kleine Plaza stehen. Es ist aber nichts Außergewöhnliches zu sehen; ein kleiner Park mit Brunnen, der Arkadengang beim Teatro Nacional mit den weißen Musen-Figuren am Dach und die Kathedrale mit reichverzierter Fassade.

Um 9 Uhr abends bin ich in der Hauptstadt San Salvador. Nach mehreren Versuchen, ein einigermaßen billiges, aber sauberes und nicht zu sehr stinkendes Hotel zu finden, lande ich schließlich im „Izalco“. Kurz darauf sitze

---

25 Frente Farabundo Martí para la Liberación Nacional

26 Auf der Seite der Regierung (rechte Arena-Partei) arbeiten USA-Militärberater

ich im gleichnamigen Comedor[27] an der Ecke 6a Avenida Norte und 7a Calle Oriente und überdenke den morgigen Tag. Das Umfeld der Stadt gefällt mir im ersten Augenblick, aber zwei Stunden später belehrt sie mich eines anderen.

Die erste Polizeikontrolle im Lokal nehme ich als normal an, jedoch auf den kaum beleuchteten Straßen begegnen mir danach mehr Militär- und Polizeitruppen als Einwohner, die sich außerdem zu intensiv und genau für meinen Passport und Aufenthalt interessieren. Ich traue diesen Kerlen nicht besonders, wahrscheinlich beruht es auf Gegenseitigkeit, und suche schleunigst mein Hotel auf.

Zeitig am Morgen bin ich bereits unterwegs und bis Mittags laufe ich durch das Stadtzentrum. Die Plaza Las Americas wird vom Palacio National mit seiner Christus-Statue beherrscht und an der Plaza Central steht das große Denkmal der Revolution. Nach zwei Kirchen besuche ich den Mercado Municipal, wo außer exotischen Früchten, Gemüse und Bekleidung auch lebende Tiere, nicht nur als Haustiere, verkauft werden. Die grün-braunen Leguane, Iguanas, gelten als Leckerbissen wie auch die vielen kleinen Affenarten, die kreischend in den Verschlägen herumtoben.

Im Metrocenter genehmige ich mir in einem der vielen Cafés etwas Süßes, schlendere durch Läden und bin danach müde vom Umherlaufen. Nach der kurzen Siesta im Hotel bin ich wieder fit und sitze mit Einheimischen in der Bar vom Vortag. Hier unter diesen fremden Menschen fühle ich mich wieder wohl. Über das wichtigste Thema, den *„Fußballkrieg“* mit Honduras von 1969, führe ich heiße Diskussionen mit fußballfanatischen Salvadorianern. Der politische

27 Gaststube

Konflikt dauerte mehr als ein Jahr, die Zerstörungen in beiden Ländern waren erheblich und es gab dabei 25 000 Tote.

Nach der zweiten Armeekontrolle, die mit panzerähnlichen Fahrzeugen und aufgestellten Maschinengewehren durch die Straßen fährt, wird es plötzlich leer im Lokal. Auch ich verschwinde wieder in meine Bude, denn die jetzige rechte Arena-Partei unter Alfredo Cristiani Burkard schert sich einen Dreck um die Menschenrechte.

(Die Verordnung der salvadorianischen Regierung erlaubt es den Sicherheitskräften, jede Person ohne Angabe von Gründen festzunehmen und 15 bis 180 Tage ohne Anklage, ohne Verteidigungsmöglichkeiten zu inhaftieren.)

Als ich San Salvador mit einem kleinen klapprigen Bus Richtung Osten, nach San Miguel verlasse, stehen dunkle Wolken über der Stadt. Auf dem löchrigen Asphalt der Panamericana spüre ich jeden Schlag durch die zerfledderte Sitzbank, und die offene Metallverstrebung erzeugt Schmerzen in meinem Rücken. Bananenlaster, Busse und andere abenteuerliche Vehikel rattern mit höchstmöglicher Geschwindigkeit in beide Richtungen.

Die beiden Gebirgszüge, die sich südlich und nördlich der Panamericana entlang ziehen, sind wie der Vulkan San Vicente in Wolken gehüllt. Erst am schiffbaren Rio Lempa, dem größten Fluss Mittelamerikas, lichtet sich das Wetter. Es führt nur eine Behelfsbrücke über den Fluss, die einst schönste Brücke Mittelamerikas, die „Puente Cuscatlan“, wie mir Raul, der Fahrer, erzählt, wurde in den Bürgerkriegswirren von der FMLN gesprengt. Jetzt sollte man aber schnell was unternehmen, um die Infrastruktur des Landes wieder zu stabilisieren, sagt er und warnt mich vor dem Militär, das hier ziemlich aggressiv agiert.

Es stimmt, schon beim Aussteigen in San Miguel werde

ich von verschiedenartig bekleideten Uniformierten, es sind Militärs, Nationalgardisten und Polizisten, empfangen. Die Typen checken meine Papiere genau und sie wollen wissen, ob ich „periodista“[28] sei und fotografiere. Da ich auf beide Fragen den Kopf schüttle – zum Glück habe ich die Kamera im Rucksack – wird mir eine baldige, sofortige Weiterreise empfohlen, da es Kämpfe mit Guerillas geben soll.

Ich protestiere sofort lautstark und erkläre, dass meines Wissens nach heute kein Bus mehr nach Honduras geht und ich deshalb diese Nacht hier verbringen werde. Die Kerle gaffen mich ziemlich erstaunt an, als aber auch Raul, der Buslenker, meine Aussage bestätigt, geben sie kleinlaut ihre Unwissenheit zu. Sie empfehlen mir sogleich die Hospedaja[29] Santa Fe, aber ihrem Grinsen entnehme ich, dass dies sicher eines ihrer Freudenhäuser ist. Es stimmt auch, und deshalb nehme ich in der nächsten Hospedaja El Faro ein Zimmer.

Auf die Spezialität der Stadt, Sopa de garrabo und Garrabo guisado, verzichte ich am Abend im Restaurant. Es ist Leguansuppe mit gebratenem Leguan. Aber zum zähen Rindfleisch, das ich danach verspeise, benötige ich mehrere Bierchen, um es in den Magen zu bekommen. Bei meiner Rückkehr in die angeblich saubere Pension erwarten mich allerdings auch hier junge Mädchen, die sich natürlich etwas erhoffen.

Der „*Gringo*“, wie ich genannt werde, enttäuscht sie allerdings, ich möchte keine Überraschung in diesem Militärstaat erleben. Ich habe mit korrupten Polizisten in Uganda bereits Erfahrung gesammelt und bin vorsichtiger geworden.

28 Journalist
29 Unterkunft

Nachts wecken mich des Öfteren ein lautes Frauenlachen und donnernder Lärm von Flugzeugen, der mich in Rage bringt. Als ich mich beim Frühstück wegen der Nachtflüge erkundige, erzählt mir der Besitzer, dass es salvadorianische Militärflugzeuge mit amerikanischen Piloten sind, die des Öfteren Guerillastützpunkte bombardieren.

Zehn Minuten später erfahre ich die Wahrheit. Ein Freudenmädchen, die sich noch Hoffnung erwartet und sich zu mir setzt, flüstert mir hinter vorgehaltener Hand zu, dass an der Grenze zu Honduras die Flüchtlingslager der vertriebenen Salvadorianer liegen, die von der Nationalgarde und rechtsextremen Organisationen bedroht werden. Außerdem soll sich die regierende Christdemokratische Partei sämtlicher ausländischer Hilfssendungen bemächtigt haben und sie nicht, wie versprochen, an die mitleidende Bevölkerung verteilt, sondern verkauft haben.

Am Busterminal erwarten mich bereits dieselben Typen in Uniform wie gestern, nur sind sie heute noch wichtiger. Diese Heinis wollen mir die Fahrt hoch nach San Francisco Gotera und weiter zum Grenzdorf Jocoaitique mit der vagen Begründung verweigern, dass es gefährliches Guerillagebiet sei. Sie drängen mich, die Panamericana weiter nach Honduras zu nehmen.

Damit bin ich aber nicht einverstanden. Nach meiner energischen Erklärung, dass dies der kürzere Weg ist, um nach Copan in Honduras zu kommen, willigen sie zu. Sie wollen mich so schnell wie möglich los werden, damit ich nicht zu viel von den Machenschaften des Militärs sehe.

So ist es auch. Die ganze Bande eskortiert mich bis zu einem kleinen klapprigen Bus, der mich vorerst bis Gotera bringt, danach fährt nur noch ein Collectivo, Sammeltaxi, bis Jocoaitique.

Die Gegend ist ziemlich einsam, kein Wunder, wird sie doch Nacht für Nacht von den Regierungstruppen terrorisiert. Auch hier sind die ärmlichen Hütten der Dörfer mit Parolen der Freiheitskämpfer beschmiert und die Sympathie der Bevölkerung steht ganz auf ihrer Seite.

Die freundlichen und hilfsbereiten Menschen im Grenzort bringen mich zu Señor Leon, einem Transportunternehmer, der bereit ist, mich in seinem Lastwagen nach La Esperanza, das schon in Honduras liegt, mitzunehmen. Während der Fahrt erzählt mir der freundliche Mann, dass ihm meistens die Armee, aber manchmal auch Desperados, Vertriebene etwas von seiner Ladung Obst und Gemüse stibitzen. Es ist nicht immer rentabel für ihn, außerdem verlangt die Grenzpolizei bei jeder Fuhre ihren Anteil.

Ich bin sofort bereit, ihm etwas zu zahlen, und an der Grenze zeigt sich, dass er seinen Lohn wert ist. Mein Pass und ich werden ziemlich genau, misstrauisch betrachtet, aber entweder war ich der Grund oder mein Fahrer Señor Leon hat es mit seinem langen Palaver geschafft, denn wir kommen ohne Bestechungsgelder zu bezahlen durch.

In Marcala werden wir nochmals vom honduranischen Militär kontrolliert. Die Soldaten kennen jedoch Leon mit seinen Obstkisten, und in La Esperanza schmeckt uns beiden das Bier, welches ich ausgebe.

Zahnlos

Schon in Guatemala, in Tikal, habe ich mir vorgenommen, so schnell keine Ruinen mehr anzusehen. Aber jetzt, da ein Bus gerade vor der Abfahrt nach Copan, zu den Ruinen bereit steht, verwerfe ich meinen Entschluss. Ich wünsche Leon eine gute Heimreise und steige in den alten, ausrangierten, gelben Schoolbus, der einst in den USA amerikanische Kinder transportierte. Honduras profitiert vom Krieg in Nicaragua, da die CIA, sprich USA, die Nachbarländer in den Kampf gegen die Sandinisten einbeziehen wollen.

In einem fruchtbaren Tal, wo Mais, Kaffee, Bohnen und Tabak angebaut werden, liegt der Ort Copan, der mit engen Pflastergässchen, kleinen weißen Häusern und roten Ziegeldächern lieblich hervorsticht. Auf der kleinen Plaza finde ich sogleich „Brisas de Copan", eine Pension mit angeschlossenem Restaurant, in dem ich kurz darauf sitze.

Mir wird ein Hühnervogel serviert, der wahrscheinlich schon vor dem Totschlagen an Futtermangel verstorben ist. Aber mein Hunger ist immens, wie ein Hund beäuge ich das Gerippe und nage so lange herum, bis es passiert. Der Stiftzahn im Unterkiefer bricht mir ab. Zum Glück schlucke ich diesen nicht, sondern spucke ihn wieder aus, aber der Appetit ist mir vergangen.

Nun sitze ich deprimiert im Zimmer, beäuge meine hässlich aussehende Lücke und ärgere mich maßlos. Ich muss irgendwo einen Dentisten ausfindig machen, und das wird am besten in der Hauptstadt Tegucigalpa sein, wohin ich sowieso reise.

Ich habe eine unruhige, schlechte Nacht hinter mir, da meine Zunge andauernd in der Lücke gebohrt hat. Aber beim Frühstück fällt mir plötzlich der Kleber ein, denn ich für alle Fälle im Rucksack mitschleppe. Und das ist so ein

Fall. Sofort eile ich aufs Zimmer, als ich aber die kleine Tube in der Hand habe, überlege ich nochmals, ob es gesundheitlich nicht gefährlich ist, wenn der chemische Kleber in die Zahnwurzel kommt.

Ich versuche es trotzdem und verteile vom dickflüssigen Kleber ein wenig auf den abgebrochenen Zahn – den ich in einer leeren Filmdose aufbewahrt habe – und als ich merke, dass er nicht tropft, drücke ich den Zahn vor dem Spiegel wieder exakt auf die Bruchstelle und halte ihn einige Minuten fest. Es klappt, der Zahn hält wunderbar und ich kann mich mit dem kleinen Jungen, der mich als Führer zu den Ruinen begleitet, problemlos unterhalten.

Ebenso wie die vorher besuchten Ruinen liegen auch diese im dichten Urwald an einem Flusslauf versteckt. Aber hier stehen unzählige, zwei bis vier Meter hohe Stein-Stelen, in die an der Vorderseite Gesichter und Masken von Menschen, Tieren, Göttern und Helden gemeißelt sind. Hauptattraktion ist die Akropolis, ein Komplex aus Tempeln, Treppen und Terrassen mit der Jaguartreppe und dem „Alten Mann", das ist ein großer Steinkopf mit zwei sichtbaren Zähnen im Mund. Beim Anblick dieses Glücklichen, er braucht seine Zähne nicht mehr, denke ich spontan an meinen Zahn und taste danach. Er sitzt noch, aber mir scheint, nicht mehr so bombensicher.

Ich habe nun wirklich, endgültig genug von den Ruinen, Pyramiden und Tempeln. Mittags erreichen wir wieder Copan, wo ich mich bei dem Jungen bedanke und ihn auch finanziell für seine Führung entschädige. Vor dem Essen deponiere ich meinen Zahn, der sich schon leicht abnehmen lässt, vorsichtshalber wieder in der Filmdose, um ihn danach wieder anzukleben.

Nur der Wirt sieht mich verwundert an als ich mich verabschiede, da ich einmal mit und einmal ohne meinen Zahn herumlaufe. Ein Collectivo bringt mich zuerst nach

La Endrada und danach ein Bus weiter nach San Pedro Sula. Der Zahn hält seit Copan, aber während der Fahrt, ich esse achtlos eine Banane und blicke durch das offene Fenster auf die trostlose Landschaft, spüre ich plötzlich einen Fremdkörper im Mund. Gedankenlos spucke ich aus dem Fenster, aber im selben Augenblick schießt mir der Zahn ins Gedächtnis.

Laut „parar“[30] rufend stürme ich zum Lenker vor, der nichtsahnend, kopfschüttelnd sofort stehen bleibt. Zum Glück schaukelte der Bus gemütlich durch die Gegend, nach ungefähr dreißig Metern fieberhafter Suche finde ich tatsächlich meine zerkaute Banane mit dem Zahn am Straßenrand wieder.

Inzwischen sind einige Fahrgäste ausgestiegen, der Rest gafft neugierig durch die Fenster und schaut mich fraglich, auf eine Erklärung wartend, an. Aber ich schweige, nur dem Fahrer quetsche ich mein Dankeswort durch die Zahnlücke zu und bis zur Ankunft in San Pedro mache ich meinen Mund nicht mehr auf.

Ich hätte mir die Anreise sparen können. San Pedro Sula ist eine Industriestadt und außer Bananenplantagen, die im 100 km langen und 40 km breiten Sula-Tal stehen, gibt es nichts Besonderes. Da ich aber nachts nicht mehr weiterfahren möchte, suche ich in der Nähe vom Busterminal Hedman y Alas eine Pension.

Die Nacht in der Pension „Palmira“, die ich drei Straßen vom Busplatz entfernt gefunden habe, hat mir 12 Lempira – das sind 2 US-Dollar gekostet. Zu meinem Vorteil, wegen meines Zahnes, den ich wieder angeklebt habe, serviert mir meine Zimmerwirtin, Frau Leona, am Morgen Kaffee und Kuchen, das im Preis inbegriffen ist, wie sie mir versichert.

---

30 anhalten

Während ich den erstaunt guten Kaffee trinke und den Schokokuchen mit Rosinen vernasche, erzählt mir die Seńora aufgeregt von missgebildeten und totgeborenen Kindern, die Frauen der Bananenarbeiter seit geraumer zur Welt gebracht haben. Ich verstehe leider nicht alles, sie spricht zu hastig und dazu kein richtig reines Spanisch. Doch auch zu Hause musste ich noch öfters an ihre Erzählung denken und deshalb habe ich in Bücher nachgeschlagen:

Die schrecklich deformierten Embryonen sind Ergebnis einer anhaltenden und intensiven Pestizidverseuchung der Eltern, hervorgerufen durch einen kompromisslosen und flächendeckenden Insektizideinsatz über die Bananenplantagen der US-amerikanischen Konzerne „United Fruit" und „Standard Fruit".

Der amerikanische Pestizidhersteller Dow Chemical musste in der Vergangenheit wegen seines in den USA längst verbotenen, aber in Lateinamerika noch Jahrzehnte eingesetzten Giftes Nemagon 42 Millionen Dollar Entschädigung zahlen, von denen bei den meisten Geschädigten gerade 100 Dollar angekommen sein sollen. Obwohl das Gift seit 1981 nicht mehr verwendet wird, drohen noch immer Schädigungen: Die Weltgesundheitsbehörde habe dem Pestizid eine „biologische Halbwertzeit" von mindestens hundert Jahren attestiert. Und auch über das neue im Einsatz befindliche Pflanzenschutzmittel „Telone" sei hier kaum etwas bekannt.

Seit über einem Jahrhundert haben die US-amerikanischen Konzerne den zentralamerikanischen Staat wirtschaftlich und politisch fest im Griff. Mit ihrer Macht lenken sie die Geschicke des Landes, finanzieren korrupte Regierungen und – eine kleine, reiche Oberschicht. Nicht zu unrecht hat hier der Begriff „Bananenrepublik" seinen Ursprung. Die Auswirkungen sind bis heute zu spüren.

Nach meinen Rundgang um die Plaza, die neuartige

Kathedrale und den Parque Central, wo ich ausgesprochen viele Chinesen und Araber treffe, bin ich mittags am Busterminal. Ich will so schnell wie möglich in die Hauptstadt, um einen Dentisten zu finden, der mir meinen herausgebrochenen Zahn ersetzt.

Nach fünf Stunden Fahrt mit einem Expressbus, der abgesehen von einigen Zwischenstops zügig auf einer guten Straße durch die Bananenfelder, über Hügelzüge und kleine Ortschaften gefahren ist, und in dem ich angenehm gesessen bin, erreiche ich „Tegu". So wird Tegucigalpa, die ehemalige Gold- und Silberminenstadt von meinen Mitreisenden liebevoll genannt.

Die durch den Rio Choluteca geteilten Stadtteile Tegucigalpa und Comayguela liegen bereits im schwachen Laternenlicht und in der 7a Avenida, in der Nähe des Parque Central, finde ich das Hotel „Mc Arthur" mit dazu gehörigem Restaurant.

Seit 8 Uhr morgens bin ich schon mit dem aufgeklebten Zahn unterwegs. Ich laufe durch die Calles und Avenidas und bei jedem „Dentista"[31]-Schild mit aufgemaltem Gebiss versuche ich mein Glück. Aber in jeder jämmerlichen Hinterhofbude, die ich betrete, verlässt mich der Mut, und so schnell die Dentistas auch aufspringen, ich bin immer der Schnellere und sofort wieder bei der Tür draußen.

Auch der bereits fünfte alte Caballero legt seine Zeitung gemütlich aus der Hand, er ist aber flink genug, mich zu fragen, woher ich komme. Als ich „Austriaco" zurückrufe, höre ich zur meiner Überraschung deutsche Worte, die mich langsam umdrehen lassen.

„Ich habe in Alemania in einer Zahnklinik gearbeitet, haben Sie Ärger mit den Zähnen?"

31 Zahnarzt

„Nada Problemo", sagt er beruhigt, nachdem er meine Lücke betrachtet hat, und zwei Stunden später bin ich wieder vollständig. Für sagenhafte 30 Lempiras, das sind ungefähr 4 US-Dollar, hat mir dieser Meister einen neuen Stiftzahn eingesetzt.

Gut gelaunt, ich sehe wieder menschlicher aus, beschließe ich noch, mir Bart und Haare stutzen zu lassen.

Ein schwarzmähniges Mädchen strahlt über beide Ohren, als ich den Laden betrete, als ich aber bemerke, dass es ein mit Spraydosen und Spiegeln versehener Damenladen ist, will ich kehrt machen. Die junge Chica versichert mir jedoch, auch Herren zu bedienen und führt mich zu einem gepolsterten Stuhl, auf den sie mich drückt. Plötzlich kippt das alte Sitzmöbel nach hinten, ich liege flach wie auf einem Operationstisch, danach vergeht mir im wahrsten Sinne das Hören und Sehen.

Noch nie wurden mir die Haare und der Bart so zärtlich gewaschen, der Kopf mit heißem, feuchtem Tuch eingewickelt, nur meine Nasenspitze sah hervor, und danach wurden Kopf- und Barthaare sorgfältig genau geschnitten. Am liebsten hätte ich, schon eingenickt, am Stuhl weitergeschlafen und ich musste mich mit Gewalt aufraffen, um dem Mädchen den Lohn und ein angemessenes Trinkgeld für seine Bemühungen zu geben.

Äußerst zufrieden wie ich nun bin, spaziere ich zum Parque Central, um mir einen Kaffee zu genehmigen. Aber zur meiner großen Überraschung treffe ich auf Mike und Peter 2, die laut rufend auf mich zukommen. Aus dem Kaffee wird nichts mehr, er wird durch Gerstensaft ersetzt.

Als mich Peter 2 fragt, ob ich mit ihm zur Karibikküste hochfahre, da Mike nach Guatemala fährt, um „Stoff" für Europa zu besorgen, ist meine Antwort „Nein". Ich werde weiter nach Nicaragua fahren.

Nichts als Ärger

Ich bin nicht abergläubisch, aber mein Tagebuch sagt mir, dass heute Dienstag, der 13. November ist. Seit acht Wochen bin ich jetzt unterwegs und stehe nun am nicaraguanischen Grenzbalken. Das Collectivo, das mich durch das öde Niemandsland hierher brachte, hat keine Gegenpassagiere, keine Menschenseele weit und breit, es dreht um und verschwindet in einer Staubwolke. Ist der 13. doch ein böses Omen?

Verlassen und alleine stehe ich in der prallen Sonne vor dem verbogenen, ausgebleichten Schlagbaum und einem alten abgestellten Bauhüttenwagen, der mit zwei zerplatzten Reifen im Straßenrand hängt und auf dem *„Bienvenidos! Nicaragua – tierra de hombres libres“*[32] steht.

Es scheint das Zollgebäude zu sein, denn hoch im Fensterbalken entdecke ich eine Öffnung, und da sonst nichts zu sehen oder zu hören ist, schiebe ich meinen Pass vorsichtig langsam hinein. Tatsächlich wird er mir aus der Hand genommen, aber kurz darauf kommt mein Pass wieder zum Vorschein und eine tiefe, energische Stimme verlangt 10 US-Dollar für ein Transitvisum. Abermals schiebe ich den Pass durch den Schlitz und erkläre dem Unsichtbaren, dass ich Austriaco sei und kein australisches Känguru und wie mir auf der Botschaft gesagt wurde, benötige ich kein Visum für Nicaragua.

Der Kerl im Zollhüttchen flippt augenblicklich aus, sein dunkles Gesicht quetscht er beinahe durch den 10 cm breiten Spalt und die grollende Stimme fordert 10 US-Dollar, oder „regreso“, zurück nach Honduras.

32 Willkommen! Nicaragua – Land von freien Menschen

Ich überlege nur kurz, aber mit diesem korrupten Typen ist nicht zu spaßen. Mein Zehndollarschein verschwindet blitzschnell im Schlitz, ich höre das Klatschen eines Stempels und kurz danach kommt mein Pass durch das Loch wieder zum Vorschein. Transitvisum für drei Tage, grollt der schnauzbärtige Zöllner, in Managua müsste ich mir das erforderliche Touristenvisum besorgen.

Mein Ärger über den miesen Typen von der österreichischen Botschaft in Mexiko City wallt noch einmal auf, als ich den Transitstempel von Nicaragua genau auf dem Blatt finde, wo sich das Uganda-Visum befindet. In Uganda hatte ich ja einige Probleme mit einer etwas korrupten Zöllnerin.

Sorgvoll – hoffentlich habe ich nicht solche Schwierigkeiten wie in Uganda, wo ich ja zweimal im Knast landete – verlasse ich die Grenzstation. Die Straße führt gerade auf einen Hügel zu, hinter dem ich das erste Dorf vermute, und ich marschiere los. Auf der Anhöhe weht ein angenehm laues Lüftchen, es ist auch nicht mehr so heiß, und nach wenigen Kilometern stehe ich in der Ortschaft El Espino. Das erste, was mir auffällt, ist wie schon in El Salvador, dass die Hauswände mit Freiheitsparolen und „FSLN"[33]-Zeichen bemalt sind. In El Salvador waren es die „FMLN".

El Espino ist nur ein Nest, ein paar jämmerliche Hütten, streunende Hunde und Kinder, die aber Abstand halten. Zum Glück finde ich doch noch ein Collectivo, das mich, bevor es dunkel wird, nach Somoto, dem nächsten größeren Ort bringt.

Mein Taxi stoppt vor einer Pension, wo mir ein älteres Ehepaar eine kleine Kammer zeigt, die ich auch nehme. Ich bezahle für das Collectivo und für das Zimmer 2 US-Dollar

33 Frente Sandinista de Liberación Nacional

und wechsle noch 5 US-Dollar, die meine netten Gastgeber sofort verstecken. Die hohe Inflation in Nicaragua ist gigantisch, auf den ehemals 20-Cordobas-Geldschein ist die Zahl 500 000 Cordobas aufgestempelt und auch bei anderen Geldscheinen zeigen die Stempel den aktuellen Wert.

Es ist dunkel in den Straßen, Beleuchtung gibt es nicht, trotzdem beschließe ich, noch eine Runde durch das Dorf zu gehen. Nur vereinzelt dringt Licht aus einem Fenster, aber auf jeder Hauswand sind Parolen aufgepinselt, die ich im Lichtstrahl meiner Stirnlampe betrachte. In einem Laden kaufe ich drei winzige Bananen, eine Cola und Zigaretten, wofür ich sagenhafte zwei Millionen Cordobas bezahle. Es ist ein halber Dollar.

Auf dem Rückweg stoße ich auf eine kleine, mit Petroleumlicht beleuchtete Kneipe und trete ein. Als ich mich in der Tür zeige, wird es augenblicklich totenstill im Raum und dunkle Gesichter mit großen Augen blicken mir argwöhnisch entgegen.

Ich bin ein Fremder in diesem Land, und zur Zeit sind Touristen ziemlich rar. Erst nach meiner Begrüßung kommt wieder Leben in die erstarrten Kerle, denn sofort werde ich nach meiner Nationalität gefragt. Meine Antwort scheint sie zu beruhigen, denn die Gespräche werden wieder lauter. Mir werden aber zu viele politische Fragen gestellt und ich muss vorsichtig sein. Obwohl ich die Geschichte der Sandinisten und Contras gut kenne, weiß ich nicht, wer hier den Ton angibt. Ich ziehe es vor, mich bald zu verabschieden.

Bei den vorgezogenen Präsidentschaftswahlen am 25. Februar 1990 setzte sich Violeta Chamorro als Kandidatin des antisandinistischen Parteienbündnisses „UNO“[34] mit 54,7 Prozent der Stimmen gegen den sandinistischen Staats-

34 Unión Nacional Opositora

chef Daniel Ortega von der FSLN durch. Einen Tag später hoben die USA alle wirtschaftlichen Boykottmaßnahmen auf und auch Deutschland gewährte Nicaragua sofort einen Kredit von 50 Mill. DM.

Sechsundvierzig Jahre war der Somoza-Clan, eine der grausamsten Diktaturen der Welt, in Nicaragua an der Macht. Als Don Anastasio Somoza mit Gefolge am 17. Juli 1979 mit Hilfe der USA dem Land den Rücken kehrte, nahm er alles mit, was er tragen konnte, inklusive sämtlichen Bargelds aus dem Staatssäckel. Zwei Tage später, am 19. Juli, hatten die Sandinisten in Managua die Macht übernommen.

Der Internationale Gerichtshof in Den Haag hat im Juni 1986 entschieden, dass die Unterstützung der USA für die Contras, die konterrevolutionäre Armee gegen die Sandinisten, die von der CIA ins Leben gerufen, organisiert und mit Waffen ausgerüstet wurde, völkerrechtswidrig war. Das US-Repräsentantenhaus bewilligte trotzdem Präsident Reagan die von ihm beantragten Hilfsgelder für die Konterrevolution in Höhe von hundert Millionen Dollar.

Seit ich in Mittelamerika herumreise und das politische System und die Armut der Landbevölkerung sehe, verabscheue ich immer mehr die US-Politik der quasi-kolonialen Ausbeutung.

Der Ärger beginnt schon am Morgen, als ich den Bus besteige, der mich nach Managua bringen soll. Die beiden Buslenker kommen aus der Hauptstadt, sie sehen nicht besonders vertrauenswürdig aus und behandeln das Volk aus der Provinz, einschließlich mir, auch dementsprechend. Ich habe, sollte ich mein Gepäck im Bus behalten, zwei Tickets zu kaufen, eines für mich und das zweite für den Rucksack.

Etwas verwirrt, ich nehme es zuerst als Spaß auf, frage ich einen der Kerle, ob er „loco“, verrückt ist, aber mürrisch schnappt er meinen Rucksack und wirft ihn auf das Dach, wo sein Kumpan die Gepäcksstücke verstaut.

Wie immer sitze ich am Fenster, um mir die Landschaft anzusehen, und außerdem kann ich ab und zu aufs Dach schauen, um nicht eine böse Überraschung zu erleben. Ich sehe nicht viel anderes als schon in El Salvador, kleine Dörfer, versteckt in der Hochebene der Kaffeeplantagen und einen Gebirgszug, hinter dem die Regenwälder beginnen.

Erster Stop ist in Esteli. Hier sei, werde ich von Mitreisenden aufgeklärt, der Guerillakampf gegen das verhasste Somoza-Regime gestartet. Carlos Fonseca, der 1961 die Frente, die Befreiungsfront gründete, starb 1976, zweieinhalb Jahre vor dem Sieg der Sandinisten, im Kampf.

Der Bus bleibt nur kurz stehen, ich werfe einen Blick aufs Dach, der Rucksack liegt noch auf seinem Platz, und lese die auf Hauswände gemalten Parolen *„Sandino vive“* und *„Patria libre o morir“* (ein freies Vaterland oder sterben).

In der von Bergen und Kaffeeplantagen umgebenen Stadt Matagalpa soll eine Stunde Pause sein, wird mir gesagt. Da ich diesen Typen nicht so recht traue, nehme ich den Rucksack vom Dach, kaufe etwas zu essen und trinken und vertrete mir die Beine.

Vor der kleinen weiß getünchten Kirche stehen schwarz bekleidete Frauen und sprechen leise mit den von der Sonne gebleichten, neben der hölzernen Tür hängenden Fotografien, auf denen junge Männer abgelichtet sind. Wahrscheinlich sind es die Söhne oder Männer der Frauen, die während der Bürgerkrieges gefallen oder seit der neuen Regierung vermisst sind.

Im Inneren erkenne ich den schwachen Schein von zwei Kerzen, die in Sand gefüllten Kübeln vor dem mit Blumen geschmückten Altar stehen, außerdem dunkle Gestalten, die gebückt zwischen den Bänken kauern. Leise verlasse ich den Ort wieder, und mit etwas Verspätung, es ist bereits Mittag vorbei, geht die Reise weiter.

Die Hitze hält sich im Rahmen und im Bus zieht es außerdem recht angenehm. Abseits der Straße bemerke ich plötzlich eigenartige, in Reih und Glied stehende viereckige Häuser. Sie bestehen aus ca. einen Meter hohen Betonwänden, ein schmaler Schlitz ist frei und darüber ein Blechdach. Von Mitreisenden erfahre ich, dass dies Schutzmaßnahmen gegen Contraangriffe waren, die nachts gerne die Dächer anzündeten und auf Schlafende schossen.

Am Nachmittag bleiben die Berge zurück und nach Tipitapa sehe ich die verdreckten Wellen des Lago de Managua im Wind schäumen. Eine Stunde später kommen die ersten Betonsilos und Bretterbudenvorstädte Managuas ins Blickfeld und die unzähligen Ampeln und das Chaos – alles steht und hupt wie verrückt – lässt mich für einige Zeit vor Staunen den Rucksack fast vergessen. Aber plötzlich sehe ich – der Bus steckt gerade hoffnungslos zwischen qualmenden Autos – wie sich zwei Gestalten hinten am Bus die Leiter hochziehen.

Sofort ahnend, was diese Kerle vorhaben, springe ich fluchend aus dem Bus, sprinte zurück und klettere die Leiter hoch. Gerade rechtzeitig, die Halunken sind an meinem Rucksack interessiert. Mein lautes Aufbrüllen schreckt beide auf, ein Typ springt sofort vom Dach auf die Straße, meinen Rucksack und den zweiten miesen Kerl erreiche ich noch. Mit einer Hand kann ich meinen Rucksack fassen, und bevor ich den zweiten Kerl mit der Faust erreiche, lässt er los und springt ebenfalls vom Bus, um in der Menge zu verschwinden.

Eine Minute später und ich hätte keinen Rucksack mehr. Erst jetzt bemerke ich, dass der oberste Reißverschluss vom Deckelfach offen ist. Aber Stirnlampe und die für meine

Kollektion bestimmten El Salvadorianischen Geldscheine sind zum Glück noch vorhanden. Aufgebracht nehme ich den Rucksack nun mit und laut fluchend steige ich wieder in den Bus, der noch immer im Verkehr steckt.

Diese verdammten Kanaillen, nochmals bin ich ohne Schaden davon gekommen, aber von nun an heißt es vorsichtiger zu sein. Von den Mitreisenden rührt sich niemand, alle starren angespannt auf das Geschehen der Stadt. Ruckweise geht es weiter, immer mehr Busse verstopfen die Straße, wir nähern uns dem Busterminal.

Kaum steht das Vehikel zwischen anderen, schon ziemlich ramponierten Bussen im „Terminal Casimiro Sotelo", so steht es groß auf dem etwas neueren Betongebäude, wird es von einer Horde Händler umzingelt. Ich bin noch immer leicht verärgert, als ich aus dem Bus steige, aber mein Reizpegel erhöht sich augenblicklich, denn sofort stürzen sich die Kerle mit einem Ladentisch um den Bauch gebunden auf mich.

Ich komme keinen Schritt vorwärts, und um mich von der Meute zu befreien, schiebe ich die lästigen Kerle mit sanfter Gewalt zur Seite. Mein sanftes Durchgreifen war vielleicht eine Spur zu grob, denn plötzlich fällt ein hölzernes Bauchgestell mit Krach zu Boden und Kämme, Rasierklingen, Feuerzeuge und anderes Kramasch kullern durch die Gegend.

Der Besitzer versucht zwar noch zu retten, was zu retten ist, aber vergeblich, sofort greifen hundert Hände danach und im Nu ist ein Teil der Ware samt den Dieben verschwunden.

Ich nutze den Tumult und will mich ebenfalls aus dem Staub machen, aber nach wenigen Metern holt mich der Geschädigte ein. Der Hombre besitzt die Frechheit und verlangt von mir für das Geklaute 5 US-Dollar. Jetzt werde ich aber richtig sauer, und obwohl ich in der Mitte dieser Kerle stehe, nenne ich sie allesamt *„canallas“*[35], *„mastubados“*[36] und einiges mehr. Das ist diesen Kerlen doch zu viel.

Handgreiflich werden sie zu meinem Glück nicht, aber plötzlich werden Rufe nach „Polisia“ laut. Endlich kommt meine Hilfe, denke ich mir, als ich aber die beiden Uniformierten mit ihren eckigen Visagen und den Schlagstöcken sehe, ahne ich nichts Gutes und Uganda erscheint mir auf einmal sehr nahe.

Im lauten Durcheinander verstehe ich zuerst nicht viel, doch als die Worte *„sacar una Foto militaria“* fallen, reißen mir die Polizisten die Umhängetasche mit dem Fotoapparat von der Schulter und verlangen den Pass zu sehen. Was soll das, ich habe kein Militär fotografiert, versuche ich zu widersprechen, aber die heftige Forderung lässt mir keine Wahl.

Ich zögere trotzdem, ich habe meinen Pass in einer Bauchtasche unter dem Hemd, mein Geld steckt zum Glück in der zweiten Tasche, die am Gesäß unter der Hose hängt. Mir bleibt aber nichts anderes übrig, und während ich meinen Pass unter dem Hemd und Hosenbund hervorziehe, geht ein Raunen durch die Umstehenden. Scheiße, nun weiß jeder von diesen korrupten Typen, wo Globetrotter ihre Sachen versteckt halten.

Zu allem Pech finden die beiden Polypen nach langem Suchen den Einreisestempel und sie entziffern auch noch das Wort „Transit“. Meine Erklärung, dass ich hier in Managua mein Aufenthaltsvisum bekomme, stößt auf taube Ohren. Stattdessen greifen mir die beiden uniformierten Kerle unter die Arme und zerren mich zu einem Bus, der Richtung Süden, zur Grenze, geht.

35 Gesindel
36 Onanierer

Ich habe, da mein Transitvisum morgen endet, Nicaragua sofort Richtung Rivas, nach Costa Rica zu verlassen, befehlen mir die beiden. Ich protestiere lautstark, verlange die Rückgabe meines Passes und der Olympus-Kamera, den Diafilm können sie meinetwegen behalten, und wünsche einen Vorgesetzten zu sprechen. Aber die Schweinekerle grinsen nur und schütteln den Kopf. Der Film mit der Kamera sei „confiscacion", beschlagnahmt, und den Pass, diesen bekämme ich wieder an der Grenze, flüstern sie.

Ich resigniere, es hat keinen Sinn gegen diese miesen und korrupten Typen aufzubegehren. Die sind aus härterem Holz geschnitzt als die schwarzen Brüder in Afrika und dazu von den Amis und CIA dafür ausgebildet worden. Irgendwie juckt es mich schon, diesen ekligen Typen auf den Grund zu gehen, doch meine Vernunft siegt. Ich lande womöglich im Knast, und dazu habe ich keine Lust.

Schade, gerade auf Nicaragua habe ich mich so gefreut, ich wäre gerne an die Karibikküste, nach Bluefields getrampt und mit einem Boot runter nach Puerto Limon in Costa Rica gefahren. Aber irgendwer legt mir hier in Nicaragua Prügel in den Weg, oder liegt es an der neuen, amerikanisch orientierten Regierung von Chamorro, die der Korruption wieder alle Türen öffnet.

Ich habe ein Ticket bis Rivas zu kaufen und mein Pass wird dem Buslenker, mit dem Befehl, diesen in Rivas der örtlichen Polizei zu übergeben, zur Aufbewahrung ausgehändigt. Den Rucksack stelle ich zwischen meine Beine und außer der Kamera – ich trauere auch um die Bilder von El Salvador und Honduras – habe ich noch alle Habseligkeiten und meine Gesundheit. Es genügt zum Reisen.

Meine zerfetzten Gedanken nehmen langsam wieder Formen an, ich bin leidlich beruhigt und konzentriere mich wieder auf die Landschaft. Inmitten der Bananen-, Zuckerrohr- und Baumwollfelder sehe ich nun die vielen Vulkankegel, die zwischen Pazifikküste und dem Gebirge stehen. Kurz nachdem wir Nandaime, ein Dorf, hinter uns lassen, sehe ich links im „Lago de Nicaragua" die Vulkaninsel Mombacho mit einem schönen runden Kegel in den letzten Sonnenstrahlen stehen. Der Lago de Nicaragua ist übrigens durch starke Vulkaneruption in früheren Zeiten vom Pazifik getrennt worden und deshalb gibt es in diesem See die einzigen Süßwasserhaie. Es ist kurz vor der Dämmerung.

In Rivas ist es bereits dunkel, als der Bus stoppt. Zu meiner Überraschung werde ich bereits von zwei jungen Polizisten erwartet, die mich und den Pass vom Buslenker in Empfang nehmen. Die beiden, kaum des Lesens mächtig, blättern eine Weile im Pass herum, finden aber das Gesuchte nicht und fordern mich zum *„acompanar"*, zum Mitgehen auf. Arme Kerle, denke ich, wo soll ich sonst ohne Pass hingehen, und trotte hinter den beiden bis zur Polizeistation, einem alten Ziegelbau.

In dem schwach beleuchteten Gebäude lungern noch einige bewaffnete Jungs herum, und vor dem „Jefe Comandante" falle ich müde auf einen Stuhl. Ein netter Mensch, und während er meinen Pass begutachtet, betrachte ich das Bild von Präsidentin Violeta Chamorro an der Wand, das aber etwas kleiner als das ihres Vorgängers Daniel Ortega ist, denn ein weißer Mauerstreifen umrahmt das Bild.

Die Frage des Jefe Comandante, was ich in all diesen Ländern gemacht habe, schreckt mich wieder auf.

„Viajo alegre y visito otros países, pero excepto en Uganda y en Nicaragua nunca tenía problemas" (Ich reise gerne und besichtige andere Länder, aber außer in Uganda und in Nicaragua hatte ich niemals Probleme), antworte ich etwas gereizt, denn mein Magen knurrt und meine Kehle lechzt nach einem Bier.

Es tut ihm leid, dass ich in Managua Schwierigkeiten hatte, hier in der Provinz sei vieles angenehmer und nicht so kompliziert, versucht er mir einzureden, aber die Nacht bis morgen muss ich hier verbringen, fügt er hinzu.

„Ich habe heute in der ganzen Aufregung außer dem Frühstück „gallo pinto“[37] noch nichts zu mir genommen, wo bekomme ich etwas zu essen und trinken?“

Sofort ruft der „Comandante“ den Schreiberling zum Tisch, dem ich zwei Dollar in die Hand drücke und Tacos, dos Cervezas und Zigaretten auftrage.

Nach der zweiten Zigarette kommt der Junge mit einer umgehängten Maschinenpistole und einem gelben Plastiksack in der Hand zur Tür herein und übergibt ihn mir. Es sind tatsächlich zwei Bierflaschen und fünf Tacos, das sind mit Fleisch gefüllte Tortillas, noch warm, und eine Packung Zigaretten drinnen.

Ich möchte sofort zu essen beginnen, aber hier in der Amtstube darf ich nicht, sondern ich muss dem Kerl folgen, der mich zuerst durch eine Gittertür und einen düsteren Gang mit mehreren Türen führt, und an dessen Ende er eine für mich öffnet. Im fusseligen Ganglicht sehe ich einen Strohsack, einen kleinen Tisch und eine Kiste. Ich bin nicht sonderlich überrascht, bin ich doch schon einiges von meinen Reisen gewohnt und frage daher ganz normal, wo die „sanitarios“, Toilette ist. Verdutzt zeigt er zum Ende des Ganges und verschwindet wieder im Dunklen, ohne meine Tür zu verschließen oder abzusperren.

Na gut, zuerst hole ich meine Stirnlampe aus dem Deckelfach, öffne ein Victoria, setze mich auf die Bananenkiste und trinke einen kräftigen Schluck. Erst danach wird mir langsam bewusst, wo ich bin, nämlich in einer verdreckten und verstunkenen Zelle.

Während ich nun langsam meine Tacos kaue, drei Stück

37 Reis mit Bohnen

schaffe ich, vom Bier trinke und meine Gedanken in Ordnung bringe, sage ich mir:

„Hans, auch das wirst du überstehen" und rauche mir gemütlich eine Zigarette an. Zum Strohsack, der in einer Ecke liegt, gehe ich erst gar nicht hin, ich bleibe auf der Kiste sitzen, trinke das zweite Bier und werde müde.

Irgendetwas weckt mich aus meiner sitzenden Haltung, es ist stockdunkel. Es raschelt und quietscht, und als das Licht meiner Lampe die Mäuse und Ratten erfasst, werde ich schlagartig munter. Um meine Reste von den Tacos herrscht ein zu großes Gedränge und ich sitze mitten im Festmahl. Die Viecher lassen sich auch nicht stören, so nehme ich die Bananenkiste und schiebe damit den ganzen Haufen, das Papier und die Tacoabfälle samt den Ratten und Mäusen durch die Tür auf den Gang, wo sie ohne Unterbrechung und ungestört weiterquietschen.

In der Zelle gebe ich erstmals zur Sicherheit dem Strohsack einige Fußtritte, es kommt aber nichts mehr zum Vorschein, und mit meinem Biwaksack stopfe ich den Schlitz unter der Tür zu. Den Rest der Nacht verbringe ich am Tisch und schreibe im Stirnlampenlicht in meinem Tagebuch:

„Diesen Tag beginne ich mit einem ausgiebigen Frühstück; Schinkenomelett, bedeckt mit Tomaten, Zwiebelringen, Knoblauch und dazu einen Eimer Kaffee."

Das ist aber leider nur ein Wunschtraum. Es ist bereits fünf Uhr am Morgen, und heute muss ich wieder eine Malaria-Tablette nehmen.

Es ist mäuschenstill im Gefängnistrakt, vorsichtig öffne ich meine Zellentür und erblicke den kleinen Innenhof, der gerade vom ersten Morgenstrahl erfasst wird. Hier finde ich auch den nicht sehr sauberen und penetrant riechenden, von tausend lästigen Fliegen besetzten Abort, und danach verlasse ich mit dem Rucksack, ich scheine der einzige Gast zu sein, meine *la celda,* Gefängniszelle.

Im Wachzimmer, *la Comisaria,* treffe ich verschlafene Gestalten und einen neuen „Comandante", der erst bei meinem Erscheinen richtig wach wird. Aber er weiß über mich Bescheid. Er übergibt meinen Pass einem bewaffneten, hageren Bürschchen, das mich nach Penas Blancas, zur Grenze begleiten soll. Mir scheint, die wollen ganz sicher sein, dass ich das Land verlasse.

Auf der Ladefläche eines Lastwagens sitzend – so früh am Morgen fährt noch kein Bus – fahre ich mit meinem Beschützer die letzten fünfzig Kilometer bis zur Grenze. Noch einmal sehe ich die Zwillingsvulkane Maderas und Concepción auf der Insel De Ometepe im Lago de Nicaragua und um sieben Uhr stehen wir beide verblüfft vor einem geschlossenen und unbesetzten Zollgebäude.

Aus dem Mund meines Bewachers kommt kein Laut, er schaut nur verdutzt durch die Gegend, wahrscheinlich war er noch nie hier. Durch später dazukommende Frauen erfahren wir, dass die Grenze erst um acht Uhr geöffnet wird. Mein Schatten weicht keinen Meter von mir, während ich mir die Füße vertrete und auf die Rückgabe meines Passes warte. Nach einer Stunde gibt mein Begleiter dem ersten erscheinenden Grenzbeamten meinen Pass. Der unausgeschlafene Kerl blättert eine Zeit darin umher, knallt den Stempel hinein und gibt ihn mir endlich in die bereits geöffnete Hand.

Adios Nicaragua, das war's, aus und vorbei. Es ist sicher ein schönes Land, doch durch widrige Umstände – ich war wahrscheinlich zu ungestüm – blieb mir das verwehrt.

Schöne Tage

Ohne Probleme gelange ich nach Costa Rica. Die „Reiche Küste" oder auch die „Schweiz Zentralamerikas" wird dieses Land genannt. Seit 40 Jahren funktioniert hier ein parlamentarisches Regierungssystem und genau so lange ist das Land nicht in einen Krieg mit den Nachbarstaaten verwickelt. Wahrscheinlich auch deshalb, weil es keine reguläre Armee besitzt, sondern nur eine Zivilgarde mit Polizeiaufgaben.

Alles sieht sauber aus, und im ersten Restaurant an der Grenze esse ich mit Messer und Gabel ein Steak, Reis mit Bohnen und dazu einen gemischten Salat, den ich schon lange vermisst habe. Mit einem Pilsener schwemme ich das gute Essen und meinen aufgestauten Ärger über Nicaragua durch die Kehle.

Um ein Busticket nach San José kaufen zu können, muss ich hier an der Grenze, wo der Kurs schlecht ist, US-Dollar wechseln. Für zwei Dollar gibt es 200 Colones, mehr brauche ich für die Fahrt nicht.

In San José, der Hauptstadt Costa Ricas, wäscht mir zuerst eine nette Señora vom Hotel „Astoria" meine bereits stinkenden Kleider, die danach einen angenehmeren Duft verbreiten. War auch dringendst nötig, denn bei der Fahrt nach San José warfen mir Mitreisende schon schiele Blicke zu und rümpften die Nasen. Ich muss zugeben, ich roch mich schon selbst, aber der Vorteil war, dass ich eine Sitzreihe für mich alleine hatte.

Mein erster Weg mit frischer Wäsche führt mich in die Innenstadt, in die Avenida Central. Es ist die Haupteinkaufsstraße von San José und nach dem Besuch von einigen Läden finde ich zwar keine Spiegelreflex, aber eine Canon

Kompakt-Kamera mit Zoom und für Dias geeignet. Unbelichtete Kodak-Diafilme habe ich noch.

Die quirlige Atmosphäre, das Flair einer mittelamerikanischen Stadt, die bunt bemalten Häuser, die farbenfrohen Märkte und die hübschen Chicas geben mir genug Motive, um die neue Kamera zu testen. Unterhaltsam ist es an der Plaza de Cultura, wo costaricanische Künstler abends Vorstellungen geben, der Parque Central mit der imposanten Kathedrale und die hinter dem Teatro Nacional und am Paseo Colon liegenden, prähistorischen Granitkugeln, deren Verwendungszweck oder Herkunft niemand genau kennt.

Nur Erich von Däniken vermutet, dass diese, 16 Tonnen schweren runden Steine mit einem Durchmesser von zwei Metern mit dem Besuch fremder Intelligenzen im Zusammenhang stehen.

Dass Costa Rica tonnenweise Rindfleisch für die Fast-Food-Konzerne in die Staaten liefert, ist mir bekannt, aber die vielen Typen mit Stetson, die mir über den Weg laufen, erschrecken mich doch. Es sind Amerikaner, die hier entweder Hilfsdienste auf Farmen leisten oder ihre Rentenbezüge verhuren. Die schon etwas älteren Herren mit Bierbauchansatz lungern in den Bars herum, saufen und sind lüstern hinter jedem Weiberrock her, der ihnen über den Weg läuft.

Beim Anblick der kleinen aufgebockten Dampflok vor dem alten Atlantikbahnhof beschließe ich, mit der Ferrocarril[38] nach Puerto Limón zu fahren. Mittags rattern die fünf Waggons, von einer Diesellok gezogen, durch die sauberen Vororte von San José. Schmucke Holzhäuser in gepflegten Gärten säumen die Strecke bis Cartago, der ehe-

38 Eisenbahn

maligen, von Erdbeben zerstörten Hauptstadt. Keine Slums und verdreckten Rinnsale wie bisher in den anderen mittelamerikanischen Hauptstädten. Stattliche Bananen- und Kaffeeplantagen stehen bis dicht zum Regenwald, der den Zug danach verschluckt.

Die wenigen weißen Costaricaner und ich Gringo werden von dunkelhäutigen Küstenbewohnern, die mit Kind und Kegel nach einem Besuch in San José wieder zur Küste fahren, mit ihrem englisch-spanischen Kauderwelsch in der Zahl übertrumpft. Während sich der Zug in engen Bögen über schwankende Brücken, durch Schluchten, über Hügel und eine Pipeline windet, verzehre ich meine mitgebrachten Sandwiches und trinke ein lauwarmes „Imperial".

Kurz vor der Dämmerung zeigen große, im Wind wedelnde Palmen die Nähe der Moskitoküste an, die Kolumbus bei seiner vierten Reise angelaufen ist, um auf der kleinen Insel Uvita seine Schiffe zu reparieren. Als Sterne die sanften Wellen der Karibik aufhellen, bleibt der Zug in Puerto Limón stehen. Nach sieben Stunden Fahrt fühle ich mich augenblicklich wieder nach Belize City zurück versetzt.

Es riecht nach Fisch, überlaufenden Abwasserkanälen, Salz, Öl und tropischer Vegetation. Und laut geht es her. Ich komme mir wie auf einem Jahrmarkt vor. Scheppernde Musik dröhnt aus den Bars, Autos hupen und Mopeds knattern durch die schlammigen Straßen. Durch immer dunkler werdende Gassen laufe ich, um ein Zimmer zu finden, aber nach der sechsten wurmzerfressenen, schimmeligen Bude gebe ich es auf und setze mich, wieder zurück auf der Plaza, auf die Veranda einer Bar und bestelle Bier.

Hier komme ich mit Natalie, einer alleinreisenden Engländerin ins Gespräch, und als ich ihr mein Problem wegen einer Unterkunft erzähle, begleitet sie mich in ihr Hotel „Miramar", wo ich tatsächlich noch ein Zimmer bekomme.

Wir bummeln danach noch durch die Stadt, essen, trinken und plaudern über unsere Reisen. Spätnachts kehren wir beide angeheitert und vergnügt zu unserem Hotel zurück.

Nach der Nacht mit Natalie, sie hat viel mit mir gemeinsam, sieht Puerto Limón am Morgen mit seinen über der Plaza kreisenden Geiern nicht besser aus als gestern. Ich begleite deshalb Natalie nach Cahuita, wo uns herrlich weißer und schwarzer Sandstrand, Kokospalmen, Bambushütten, auch Bars mit Reggae- und Salsamusik erwarten. Im einfachen, aber sauberen und aus Holz gezimmerten Hotel „Cahuita", das blau-orange und weiß bemalt ist, verbringe ich zwei wunderbare Tage mit dem Mädchen an der Karibikküste.

Meine innerliche Leere, durch einsames, alleiniges Herumtreiben entstanden, war durch ein paar Tage mit dem Mädchen von einem Glücksgefühl verdrängt worden. Nun, da ich wieder alleine weiterreise, Natalie bleibt in Costa Rica, vermisse ich die körperliche Berührung.

Überraschungen

Mit einem Collectivo komme ich nach Sixaola, dem Grenzort in Costa Rica und erreiche Panama zu Fuß über eine alte, ehemalige Eisenbahnbrücke. In Guabito drückt mir ein Inspektor den Entrada-Stempel in den Pass und ein leerer Laster bringt mich mitten durch die endlos grünen – die Bananen hängen in blauen Säcken – Chiquita-Bananenplantagen der United Brands Company nach Almirante.

Hier ist das Ende der Straße. Das Dorf liegt von Palmen und Bananen eingebettet in einer Bucht, aus der es nur mit Schiffen ein Entkommen gibt. Ein alter, verrosteter Frachter mit Hammer und Sichel am Flaggenmast liegt im kleinen Hafen, und während die Kräne Bananenschachteln an Bord hieven, saufen bleiche, junge russische Matrosen in der einzigen Kneipe, die mit Hamburger- und Löwenbräu-Reklametafeln verziert ist, literweise Bier.

Die Pension „Elegante“ hat nur wenig Ähnlichkeit mit dem bezeichnenden Wort, aber dafür verläuft die Nacht im Gegensatz zu „Puerto Limón“ und „Cahuita“ äußerst ruhig und wieder traurig alleine.

Der Russenfrachter ist nachts mit lauten Typhontönen ausgelaufen und ich verlasse Almirante mit einem Fährschiff, das zuerst Boca del Toro, einen Bananenhafen auf der Isla Colon anläuft und danach durch die von Dschungel eingefasste Laguna de Chiriqui mit unzähligen grünen Inselchen nach Chiriqui Grande tuckert.

Schon von weitem sehe ich die hässlich roten Coca-Cola-Reklametafeln, die sich vom blauen Wasser der Lagune und den grün bewachsenen Hügeln der Panama-Kordilleren, die hinter dem Dorf aufragen, ausnehmen. Der halbe Ort steht auf Baumpfählen im Wasser und ein langer Holzsteg führt mich ins kleine Zentrum des Ortes, wo mich sofort neugierige Kinder einkreisen. Nur wenige Reisende benützen diese strapaziöse Strecke und deshalb beantworte ich die vielen Fragen der ungeduldigen Sprösslinge, die mich an Hemd und Hose zupfend bis zur ersten Kneipe begleiten.

Es ist Mittag und ich habe gerade noch Zeit etwas zu essen, bevor es mit einem kleinen Bus weitergeht, der mich bei strömendem Regen und brutaler Schwüle über die Hügeln der Serrania de Tabasara, zur Pazifikküste, nach David bringt. Die Stadt liegt an der Panamericana und somit bin ich wieder am Gringotrail gelandet. Davon abgesehen, dass uns einmal das Benzin ausging und wir zwei Stunden auf Nachschub warten mussten, verlief die Fahrt angenehm.

Um 10 Uhr nachts bleibt der Expressbus in Panama City stehen, eine Stunde später liegt mein Rucksack auf Zimmer 112 im Hotel Colonial und ich hocke an der Plaza Bolivar im alten spanischen Stadtteil Casco Viejo. Amerikanische Songs zerschneiden das dämmerige Licht in den Bars, wo es Mädchen und Cerveza in rauen Mengen gibt.

Die Nacht war lang, erst ein Frühstück mit einer Menge an Fruchtsäften bringt mich wieder auf Tour. Hinter zwei Hausecken liegt bereits die Plaza Mayor, die von der Kathedrale, dem Hotel Central, dem Postoffice und alten Kolonialgebäuden eingerahmt ist, vor mir. Außer einigen zerlumpten Pennern, die die Reste der Tacos vom Fliesenboden aufpicken und die Flaschen leeren, rührt sich so früh am Morgen noch nichts. Langsam gehe ich unter den morsch aussehenden Balkonen, die mit Wäsche verhängt sind, durch die engen Gassen bis zur Plaza de Francia, wo ein Obelisk mit gallischem Hahn und Informationstafeln die Geschichte Panamas bis zur Errichtung des Kanals erklären.

Auf dem Befestigungswall, Bovedas genannt, fesselt mich zuerst der faszinierende Blick auf die 90 m hohe und 1 800 m lange Kanalbrücke, die Puente de las Américas, die

Balboa mit Panama City verbindet, und auf die Skyline der Neustadt Panama. Aber unter mir, in den Gewölben des Walls, auf dem ich stehe, befand sich einst das Gefängnis, und unzählige Häftlinge starben durch Ertrinken, da die Gezeiten des Pazifiks die Zellen immer wieder überfluteten.

Nachdenklich spaziere ich weiter, blicke abwechselnd auf die Wolkenkratzer der Skyline und auf die von Fels- und Betonklötzen abgesicherten Ufermauern. Aber ganz plötzlich stockt mein Schritt: In den schaumigen Wellen von Treibholz, Müll und Plastik, die zwischen den Betonklötzen klatschen, treibt eine menschliche Gestalt umher. Der fürchterlich aufgeschwemmte Torso wird von der Strömung immer wieder in die Tiefe gezogen und erscheint kurz darauf wieder.

Ich bin augenblicklich nüchtern und rufe einigen Männern hinterher, die mit Angelruten ein Stück vor mir gehen. Neugierig, zögernd kommen sie auf mein Winken zurück und betrachten den Toten, auf den ich sie aufmerksam mache, ohne Rührung. Die Fischer unterhalten sich einige Zeit, rätseln, wer es sein könnte, und schließlich geht einer ohne große Eile los.

Kurz darauf erscheint die Polizei, sperrt den Wall und verjagt auch mich zu meiner Erleichterung, ohne etwas zu fragen. Etwas aufgeregt gehe ich zur Plaza Bolivar zurück, und als ich bei einem Chinesenladen an der Plaza das Budweiserschild sehe, stürme ich in den Laden.

Ein bleicher, junger Chinese hinter dem Ladentisch begrüßt mich mit ausgestreckter Hand, und in meiner Gedankenlosigkeit, ich vergesse immer mein Dauertraining mit den Handfedern, drücke ich kräftig zu. Es knackt, knirscht und ein schriller Schrei folgt. Schmerzverzehrt springt der Schwächling in die Höhe, sieht mich entgeistert an, schüttelt seine rechte Pfote ausgiebig und stellt die eiskalte Dose Budweiser mit der linken Hand auf den Ladentisch. Die zweite Dose genehmige ich mir auf den Stufen sitzend im Schatten der Simon Bolivar-Statue, wo ich bald von dunklen Mädchen belagert werde, die durstiger als ich sind. Der Weg zum Chinesenladen ist nicht weit, die Chicas laufen eilig hin und her und versorgen mich.

Da ich vorhabe, mir zusätzlich an meiner Hose innen Taschen mit Reißverschluss einnähen zu lassen, frage ich die Mädchen nach einer *„sastreria"*, Schneiderei. Sofort schnappt mich eine der Hübschen an der Hand, erklärt, ihre Mutter sei Schneiderin, und zerrt mich, nachdem ich meine Schnürlsamthose vom Zimmer geholt habe, drei Gassen weiter in ein verkommenes Haus.

Aber die Wohnung mit den alten Möbeln ist überraschend sauber. Die Mama, ebenfalls adrett, ist in meinem Alter und sie freut sich, Arbeit zu bekommen. Sie ist bereit, meinem Wunsch nachzukommen, und morgen könnte ich meine Hose wieder holen.

Von Maria, die mich natürlich wieder begleitet, erfahre ich, dass ihr Vater mit einer anderen Frau, sie sagt *„la puta"*,[39] abgehauen ist und in der Kanalzone lebt. Ich unternehme mit dem kaum zwanzigjährigen Mädchen danach eine Fahrt nach Panama Viejo, Alt-Panama. In dem von Henry Morgan, einem englischen Piraten um 1671 geplünderten und zerstörten Stadtteil mit seinen Ruinen verbringen wir einige Stunden und kehren erst gegen Abend in die Stadt, ins Hotel zurück.

Beim Bier auf der Veranda des Hotel Central, dass 1910 erbaut wurde, treffe ich Ralf und Benno, zwei Schweizer. Die beiden wollen, so wie ich es vorhabe, durch den Dariéndschungel nach Kolumbien reisen. Sie hegen allerdings

39 Hure

noch Zweifel und wollen sich morgen an der Schweizer Botschaft erkundigen.

Wenn das mit den beiden Schweizern klappt, das wäre super, denn alleine durch die Darién zu fahren ist verdammt gefährlich, *muy peligroso,* auf Spanisch. Wir wollen uns morgen Abend hier wieder treffen, denn Benno kennt auch Hubert Hlebaina, der aus dem schönen steirischen Krakautal kommt und der in Zermatt im noblen 5-Sterne-Grand-Hotel arbeitet.

Erinnerungen kehren zurück:

Mit zwei Bergkameraden, Reinhold und Fisch, hatte ich das Zinalrothorn, das Obergabelhorn und das Matterhorn erfolgreich bestiegen, aber für Seife und Körperpflege hatten wir in dieser Woche wenig Zeit gehabt. Als wir dann bei unserem alten Bekannten Hubert H. im feinen Schweizer Hotel vorsprachen, rümpfte er die Nase und empfahl uns, zuerst ein Bad zu nehmen und mit frischer Wäsche wieder zu erscheinen. Danach bewirtete er uns allerdings aufs Beste.

Und jetzt treffe ich hier in Panama jemanden, der ebenfalls meinen steirischen Freund kennt! So groß die Welt auch ist, aber für eine kleine Überraschung ist sie immer gut …

Maria wartet bereits unter der Bolivar-Statue, und auf dem Weg zur Plaza Mayor kommen wir beim Chinesen vorbei, dem ich heute Morgen beinahe die Finger zerquetscht habe. Zu meinem Staunen streckt mir das Milchgesicht abermals lächelnd die Hand über das Pult entgegen, aber bevor ich zugreife, zieht er blitzschnell seine Finger zurück. Er lacht laut und freut sich über seinen Trick, mich gefoppt zu haben. Als ich ihm aber meine Hand freundschaftlich entgegen halte, greift der schmale Chinese zögernd zu. Da ich nun nur sanft seine Hand drücke, strahlt er wie ein Weihnachtsstern.

Auf der Plaza Mayor tummeln sich bereits Familien mit Kindern, Liebespärchen, Hausierer, Taschenspieler und Schuhputzer, die von Bank zu Bank laufen, und natürlich sind auch Marias Freundinnen hier. Die ganze Bande ist verrückt nach McDonalds-Hamburgern, Chips und Cola, mich gelüstet es nach kaltem Budweiser, welches mir Maria laufend vom Chinesen besorgt.

Aber plötzlich schallt ein Rufen durch den Park. Maria und ihre Freundinnen springen aufgeregt hoch, plappern und rennen wie alle Besucher der Plaza in Panik zur Kathedrale, die sich hinter uns befindet. Nur ich bleibe nichtsahnend, versteinert sitzen und wundere mich, was denn jetzt los ist.

Drehend blicke ich um mich, und jetzt sehe ich die Polizisten, die aus allen Straßen, die auf die Plaza führen, hervorkommen. Gebannt, ich bin nicht mehr fähig wegzulaufen, schaue ich zu, wie sich die Truppen auf ein Auto stürzen, das keine 20 Meter vor mir, halb auf dem Gehsteig des Hotels „Central" steht.

Ich sitze wie gelähmt, das kalte „Bud" in der Hand und beobachte wie einige Polizisten mit Gesichtsmasken die Türen des geparkten Autos aufreißen und eine Frau und einen Kerl aus dem Inneren zerren. Es läuft wie in einem Film ab. Die beiden Insassen werden brutal auf den Boden geworfen, und danach sehe ich nur noch Uniformierte, die sich auf die beiden werfen.

Langsam stehe ich auf und verziehe mich vorsichtig nach rückwärts, bis ich hinter einigen Palmen Deckung habe, aber doch noch zum Auto sehe. Obwohl die am Gehsteig liegenden Gestalten mit Fußtritten und Gewehrkolben bearbeitet werden, höre ich keinen Ton von den Misshandelten, sondern nur das Brüllen der Befehlsgebenden. Kurz darauf werden die beiden schlaffen Körper in einen vergitterten Panzerwagen geworfen, das Auto der beiden abgeschleppt, und langsam kommen auch die Menschen wieder auf die Plaza zurück.

Auf der Bank sitzend trifft mich Maria an. Sie ist völlig aufgelöst, stammelt etwas von Terroristas, vom Palacio Nacional und dem Palacio de las Garzas, dem offiziellen Wohn- und dem Amtsgebäude des Präsidenten Guillermo Endara Galimany, die in unmittelbarer Nähe stehen. Warum ich nicht gelaufen bin, will sie wissen. Ich habe dein hastig gesprochenes Spanisch nicht verstanden, gebe ich zur Antwort und schicke sie um ein weiteres Bier, das ich nun dringend, nach dem Toten im Meer und diesem Erlebnis, benötige.

Ich muss an Amarillo in Texas denken, wo mich zwei Polizisten um 2 Uhr morgens – ich habe auf den Greyhound-Bus nach San Antonio gewartet – aus einer Bar zerrten, mich auf die Kühlerhaube ihres blinkenden Autos warfen und meine Papiere sehen wollten. Ich hatte in dem ausgestorbenen Nest nur die Hauptstraße mit den vernagelten Geschäften fotografiert und der lapidare Grund meiner Verhaftung war ein zufällig vorbeikommender Geldtransporter, den ich allerdings nicht auf dem Bild hatte. Erst Kim, die Kellnerin aus der Bar, befreite mich von diesen brutalen Kerlen. Auch damals benötigte ich Budweiser.

Maria liest mir am Morgen aufgeregt aus der Zeitung von einem Attentatsversuch auf die Regierung vor, der jedoch gescheitert sein soll. Ich habe von zentralamerikanischen Revolutionen und Putschversuchen genug, ich werde mir heute den 82 Kilometer langen Panama-Kanal ansehen und lade das Mädchen ein, mich zu begleiten. Sie ist mit Freude dabei, und kurz darauf sitzen wir im El Ferrocarril de Panama,[40] in einem blauen Waggon, der uns zur

40 Panamanesische Eisenbahn

ersten Schleuse nach Miraflores bringt. Das Mädchen war noch nie hier und ist beim Anblick begeisterter als ich. Ich kenne diese Bauwerke von meiner Arbeit auf Flusskraftwerken, wo auch Schleusen vorkommen, allerdings nicht in dieser Dimension wie hier.

Auch auf seiner vierten Reise hoffte Kolumbus eine Durchfahrt zu finden, die ihn doch noch nach Indien bringen würde. Ende des Jahres 1502 landete er an der Küste von Panama, kehrte jedoch wenige Tage später wieder nach Norden um. Als erster Europäer durchwanderte der Spanier Vasco Núnez de Balboa auf der Flucht vor dem Galgen 1513 die Landenge und erreichte, von der atlantischen Küste kommend, den Pazifik.

Magellan, der 1520 die nach ihm benannte Seestraße zwischen dem südamerikanischen Festland und Feuerland fand, wurde auf der Suche nach einem kürzeren Weg nach Indien ebenso wie Cortés enttäuscht, der 1523 im Auftrag Kaiser Karl V. reiste. Beide konnten keine Durchfahrt finden.

Durch den Goldrausch in Kalifornien um 1849 – es gab noch keine Verbindung von der Ost- zur Westküste der USA – witterte eine US-amerikanische Gesellschaft das große Geschäft und baute zwischen 1850 und 1855 eine Eisenbahnstrecke von Colón nach Panama City durch den Isthmus.

1876 gründete der Erbauer des Suez-Kanals, Ferdinand de Lesseps, eine Gesellschaft für den Bau eines Kanals durch den Isthmus, 1878 erhielten die Franzosen von Kolumbien, dem das Gebiet gehörte, die Baugenehmigung. 1880 begannen bereits in Colón die Arbeiten, doch wegen mangelnder Koordination und aufgrund grassierender Malaria- und Gelbfieber-Krankheiten, die Tausenden von Arbeitskräften das Leben kosteten, musste man 1893 Konkurs anmelden.

Die USA hatten immer schon Interesse an einem Kanal,

im November 1903 rief der mit Unterstützung der USA gegründete Staat Panama sein Unabhängigkeit aus. Die USA erhielten zeitlich unbegrenzt eine 16 Kilometer breite Zone für den Kanal mit allen Hoheitsrechten, das Recht auf Intervention, zur Anlage von Militärstützpunkten und das alleinige Recht für den Bau von Verkehrswegen. Dafür wurden 10 Millionen US-Dollar bezahlt, eine jährliche Pacht von 250000 US-Dollar und die Unabhängigkeit des Staates Panama garantiert.

1904 begannen erneut die Bauarbeiten mit mehr als 40000 Arbeitern, die zwischen 1904 und 1913 im Sold der Amerikaner standen. Am 15. April fuhr als erstes Schiff die SS Ancón durch den Panama-Kanal.

1977 handelte US-Präsident Jimmy Carter mit General Omar Torrijos die Torrijos-Carter-Verträge aus, nach denen der Kanal bis zum Jahr 2000 an Panama zurückzugeben war, was am 31. Dezember 1999, 12 Uhr, auch geschah.

Der Zug schaukelt gemütlich am Kanal entlang, stoppt in jedem Kaff, zockelt über Brücken, knarrt in Bögen um den Gatún-See herum, rattert durch Dschungel und nach etwas mehr als drei Stunden sind wir in Colon.

Kaum fünfzehn Minuten später bereue ich die Kosten für Maria nicht mehr. Kriminelle Typen belästigen uns bereits am Bahnhof und nur Marias Herkunft und ihr energisches Fluchen verjagen dieses Gesindel. In den überaus dreckigen Straßen der Stadt, die mich an Kampala in Uganda erinnert, laufen uns verwahrloste und halbwüchsige Kinder nach, die sich erst nach einer kleinen Spende wieder verziehen.

Außerdem ist es schrecklich schwül. Wäschestücke hängen wie angesoffene Schwämme auf brüchigen Balkonen und auf Leinen, die zwischen den modrigen und verlotternden Häusern gespannt sind. Der Verfall der ehemals prächtigen Bauten aus der Zeit um die Jahrhundertwende zeigt die Hoffnungslosigkeit der Menschen dieser Stadt.

Im Hafen neben dem Bahnhof sehe ich die „Christina", einen kleinen kolumbianischen Frachter mit Kabinen, an der steinernen Mole liegen. Neugierig erkundige ich mich im Hafenamt, wohin er fährt, und als mir gesagt wird, dass er in zwei Tagen nach Cartagena ausläuft und auch Passagiere mitnimmt, bin ich am Nachdenken.

Aber heute Abend möchte ich noch mit den beiden Schweizern über unseren Trip durch die Darién sprechen. Nachdem auch Maria von Colon nicht sehr begeistert ist, fahren wir mit dem Bus nach Panama City zurück.

Der erste Weg führt uns zu Marias Mutter, die meine Hose innen am Gesäß perfekt mit zwei Leinentaschen ausgestattet hat, die kaum zu erkennen und zu spüren sind. Die nette Dame serviert mir einen Kaffee und versucht, mich zu überreden, zu bleiben. Sie lobt ihre Tochter Maria, die *guapo*[41], das stimmt, und *honesto*[42] (?) sei.

Ich weiß natürlich, wie es um diese Mädchen steht, bezahle trotzdem den etwas erhöhten Preis und verabschiede mich, bevor ich schwach werde. Im Hotel „Central" warten bereits die beiden Schweizer, und als ich ihre Gesichter sehe, weiß ich bereits Bescheid. Auf ihrer Botschaft wurde ihnen empfohlen, nicht durch die Darién zu reisen, und sie haben bereits ein Flugticket nach Bogota in der Tasche. Schade, ich möchte es trotzdem versuchen.

Am Morgen gebe ich Maria die versprochenen 20 Dollar. Sie versucht noch, mich mit allen weiblichen Reizen – die vorhanden sind – zurückzuhalten, aber mein Entschluss, weiter nach Südamerika zu ziehen, ist stärker. Sie begleitet mich noch bis zur Busstation und zum Bus, der

41 hübsch
42 sittsam

bis zum Endpunkt der befestigten, asphaltierten Panamericana, nach Canclón fährt.

Mit der kleinen Hoffnung, dort doch noch jemanden zu treffen, der durch den Darién-Dschungel möchte, verbringe ich die Zeit im Bus, der nach gut einer Stunde überraschend in Chepo stehen bleibt. Wir sind nur wenige Fahrgäste und müssen in einen kleineren Bus umsteigen, der nach Canclón fährt.

Beidseitig der Piste, die ziemlich gerade durch den Dschungel verläuft, ist ein breiter Rand abgeholzt, der aber kultiviert wieder zu wuchern beginnt. Auf der linken, nördlichen Seite erstreckt sich der Gebirgszug der Sierra San Blas, dahinter liegt das Territorium der Cuna-Indianer, die 1925 nach einem Aufstand politische Autonomie erlangten.

Leider, im kleinen Dorf ist zwar viel Militär, aber kein Traveller anzutreffen. Auf einem offenen Pick-up, der auf den Bus gewartet hat, sitzen schon einige dunkle Leute aus dem Süden, aber der Fahrer möchte von mir 20 US-Dollar für die letzten 150 km bis Yaviza. Der Gauner verlangt sicher das Drei- oder Vierfache von mir, und ich weiß, sollte ich in Yaviza wirklich anstehen und wieder zurückfahren, habe ich womöglich 40 Dollar, wenn nicht mehr, zu bezahlen.

Nein, ich werde auf diesen Trip verzichten, denn alleine durch den dichten Dschungel, durch die Sümpfe und Flüsse des Darién, das ist mir doch etwas zu mulmig. Ich möchte auch nicht tagelang hier warten, und bei einem warmen Cerveza, das ich in der einzigen Dorfkneipe trinke, fällt mir plötzlich die „Christina“ ein, die in Colon vor Anker liegt.

Ich habe keine Zeit mehr, fertig zu trinken, sondern fahre sofort mit dem gleichen grässlich bemalten Bus, der mich in dieses verschlafene Dorf gebracht hat, zurück nach Canclón. Hier steht auch noch der letzte Bus nach Panama City, wo ich, ohne Maria aufzusuchen, den nächsten Bus nach Colon nehme, wo ich spät abends ankomme.

Die „Christina“ liegt hell beleuchtet im Hafen und auf Deck herrscht noch reges Treiben. Paletten mit beschrifteten Kartons hievt der Schiffskran in eine der geöffneten Luken und ein Uniformierter bellt Kommandos hinterher.

Mit dem Kapitän bin ich bald einig, ich bekomme die Passage für 25 US-Dollar und ein Matrose führt mich Backbord in meine kleine Kabine. Um meinen Panama-Ausreisestempel laufe ich noch zum Zollamt zurück und nach meiner Rückkehr benutze ich die Dusche.

Kurz darauf sitze ich mit zwei bestens gekleideten kolumbianischen Damen und drei Herren in gutem Zwirn, ebenfalls aus Kolumbien, im kleinen Salon und habe meine bisherige Reise zu erzählen.

Als ich nach dem zweiten Cerveza die Frage stelle, welche Fracht die „Christina“ eigentlich übernimmt, bekomme ich die unverblümte Antwort:

„Electrodomésticos y ropa podemos comprar barato en la zona libre comercio de america.“[43]

Ihren Vorschlag, ich könnte hier für einhundert US-Dollar 200 T-Shirts, pro Stück um 50 Cent kaufen und um zweihundert Dollar, also 100% Gewinn, in Cartagena verkaufen, schlage ich nach kurzem Nachdenken ab. Ich bin mir sicher, wenn wir in Kolumbien ankommen, sehe und höre ich von diesen Geschäftsleuten, wie sie sich betiteln, und meinem Geld nichts mehr.

Am Morgen legt die „Christina“ ab. Mit einem Andenken aus Mexiko – mein gequetschter Daumen wird langsam von der Wurzel her schwarz – verlasse ich nach dreimonatiger Reise Mittelamerika.

43 Elektrogeräte und Bekleidung, die wir hier in der amerikanischen Freihandelszone billig kaufen

…es ist heiß, die Sonne brennt aufs Deck, die Möwen kreischen, ich sitze auf dem Sonnendeck im Schatten und schreibe, während die 5000 BRT[44] schwere „Christina" das Wasser der Karibik durchpflügt. Es ist ein Schmugglerschiff, und ich bin nun neugierig, was mich in Kolumbien, in Südamerika noch alles erwartet…

44 1 Bruttoregistertonne = 2,83 m^3

Für die Korrekturarbeiten
danke ich

Maria Müller
und
Wolfgang Daimer

Bernhard Kaps
Im Land der Maya
Kultur • Natur • Abenteuer

ISBN 978-3-7059-0173-5
14 x 21,5 cm, 240 Seiten, ca. 45 Farbabb., geb., € 21,70

Aussteiger auf Zeit. Ein Lehrerehepaar versucht dem Alltagstrott der Schule zu entfliehen und sucht sich dazu eine ungewöhnliche Ecke auf dem Globus aus. Chiapas, das Rebellengebiet Mexikos, die ärmste Provinz des Landes, war ein ganzes Jahr lang das Zuhause der Familie. Das Abenteuer, mit einem schulpflichtigen 7-jährigen Kind eine völlig fremde Kultur zu erleben, mit den Schwierigkeiten des Alltages konfrontiert zu sein, beschreibt der Autor auf amüsante Weise. Beeindruckende Fotos von Menschen und Landschaften geben einen Einblick in ein Land, dessen Vielfalt hierzulande kaum bekannt ist.

Eva Habermann
Chile
Naturschutz und Nationalparks

ISBN 978-3-7059-0137-7
13,5 x 20,5 cm, 192 Seiten, 150 teils farbige Abb. und Karten, Brosch., € 24,90

Chile ist mit 31 Nationalparks, 13 Naturdenkmälern und 48 Nationalreservaten ein Paradies für naturbewusste Reisende.
Chile und seine historischen, politischen und wirtschaftlichen Aspekte, seine Ureinwohner und die Rolle des Tourismus haben in einer ökologisch-ganzheitlichen Betrachtung natürlich auch mit Naturschutz zu tun. Die Autorin befasste sich vor allem mit diesem speziellen Bereich eines wirtschaftlich weniger entwickelten Landes, in dem es wichtig ist, ein Bewusstsein zu schaffen, dass Naturschutz keine Hemmung der Entwicklung bedeuten würde, sondern eine Sicherung der natürlichen Ressourcen sowie ethnischer Gegebenheiten.

Ina Rösing

Sie blicken dich an – sie schauen weg

Andine indianische Kallawaya-Porträts

ISBN 978-3-7059-0286-2
22,5 x 29 cm, 240 Seiten, 100 Farbabb., geb., € 48,–

In der Kallawaya-Region der Apolobamba-Kordillere in der Provinz Bautista Saavedra in Bolivien hat Ina Rösing über 25 Jahre kulturanthropologische Forschung durchgeführt. Insgesamt hat sie ganze fünf Jahre dort verbracht. Sie hat mit den Quechua-sprachigen Indianern dieser Region gelebt und hat Hunderte von Heilungsritualen und Kollektivritualen dokumentiert. Dazu hat sie Hunderte von Lehrstunden bei Medizinmännern, Medizinfrauen und Ritualisten absolviert und hat unzählige voll dokumentierte ausführliche Gespräche mit den Bewohnern der Kallawaya-Region geführt.

Ina Rösing

Der ANDEN-Alltag

Im Schatten der UNESCO-Weltkulturerbe-Ernennung der Kallawaya-Kultur

ISBN 978-3-7059-0275-6
17,5 x 24,5 cm, 264 Seiten, 16 Farbabb., geb., € 34,90

Die Kallawaya-Region der Anden Boliviens wird doppelt betrachtet:
Ein Todesfall bei der Kälte der Feldarbeit, ein heftiger Konflikt und Auseinandersetzung mit den Finca-Besitzern, die Rituale für den verstorbenen Benjachu, die alltägliche Arbeit in Hütte und Hof, die Hexerei im eigenen und in fremden Dörfern, ein Ehe-Drama, die Opfergabenbereitung für August, das Weiden der Schafe, der Blick auf die Heiligen Berge, die Diskussion um die Kallawaya-Medizinmänner, die Regenzeit, Allerseelentags-Rituale, Abendstimmung nach dem Hüten der Schafe, die Tragödie aus dem Nachbardorf, der Blitzeinschlag in der Hütte, die andin-spirituellen Gedanken, die Darstellung der kollektiven Rechtsprechung, die Heilungspraxis des Medizinmannes ...

Gesine und Joachim Kunst
Brasilien
Licht und Schatten

ISBN 978-3-7059-0172-8
16,5 x 23,5 cm, 336 Seiten, 160 Farb- und SW-Abb., franz. Broschur, € 28,90

Die Reise beginnt mit der Entdeckung und Kolonisierung Brasiliens im Jahre 1500. Es ist spannend und aufregend, mit dem Autor durch die Jahrhunderte bis in die heutige Zeit zu wandern. So kann er es kaum erwarten, bis er mit der Autorin in einen der Überlandbusse klettert, um das über 8 Millionen Quadratkilometer große Land und seine Bevölkerung nun auch persönlich kennen zu lernen. Wer Abenteuer liebt, wird auf der Transamazonica zwischen Traum und Wirklichkeit bald nicht mehr unterscheiden können. Eine andere Reise, die in Belém/Pará, also im Amazonasdelta, beginnt und dann entlang der Atlantikküste über Recife, Salvador bis hin nach Rio de Janeiro führt, ist ein weiterer unvergesslicher Höhepunkt. Am aufregendsten aber finden die Autoren die heiteren und aufgeschlossenen Menschen, von denen sie lernen, den brasilianischen Alltag mit deren Augen zu sehen ...

Robert Kostka (Hg.)
ACONCAGUA
und die Anden

ISBN 978-3-7059-0229-9
22,5 cm x 29 cm, 224 Seiten, ca. 290 teils farbige Abb., geb. Mit einer Bereichskarte im Maßstab 1:100.000, € 49,90

Der Nordwesten Argentiniens, Südamerika, vom Aconcagua bis zur bolivianischen Grenze, ist nicht nur durch seine naturräumlichen Gegebenheiten, sondern auch zufolge seiner Kulturgeschichte von besonderer Bedeutung. Sowohl an der Erschließung als auch an der Erforschung dieser Region wurden von Experten aus deutschsprachigen Ländern seit weit über hundert Jahren grundlegende Ergebnisse erzielt. Wesentliche Beiträge haben hierzu ÖsterreicherInnen geleistet. In Kooperation mit argentinischen Fachleuten wurden nunmehr unter Würdigung dieser Ergebnisse 1) dieses Buch, eine Sammelpublikation über diese Region, und 2) ein Kartenblatt des Aconcagua, dem höchsten Gipfel beider Amerika, erarbeitet.